AF339068

BABILONIA

BABILONIA

ESCRITOR: ART A. AYRIS

DIBUJOS A LAPIZ: MARIO RUIZ

DIBUJOS A TINTA: MARIO RUIZ

COLORES: RONDA PATTISON y BEN PRENEVOST

LETRAS: ZACH MATHENY

Originalmente publicado en E.U.A. bajo el título: *BABYLON*.
Edición en español © 2013 por Influence Resources con el permiso de Kingstone Media Group, 1445 N. Boonville Ave., Missouri 65802. TODOS LOS DERECHOS RESERVADOS. Ninguna parte de esta publicación puede ser reproducida en ninguna forma y manera sin el consentimiento escrito de Influence Resources.

ISBN 978-1-62912-024-9
ISBN 978-1-62912-078-2 (ePDF)
ISBN 978-1-62912-079-9 (ePub)

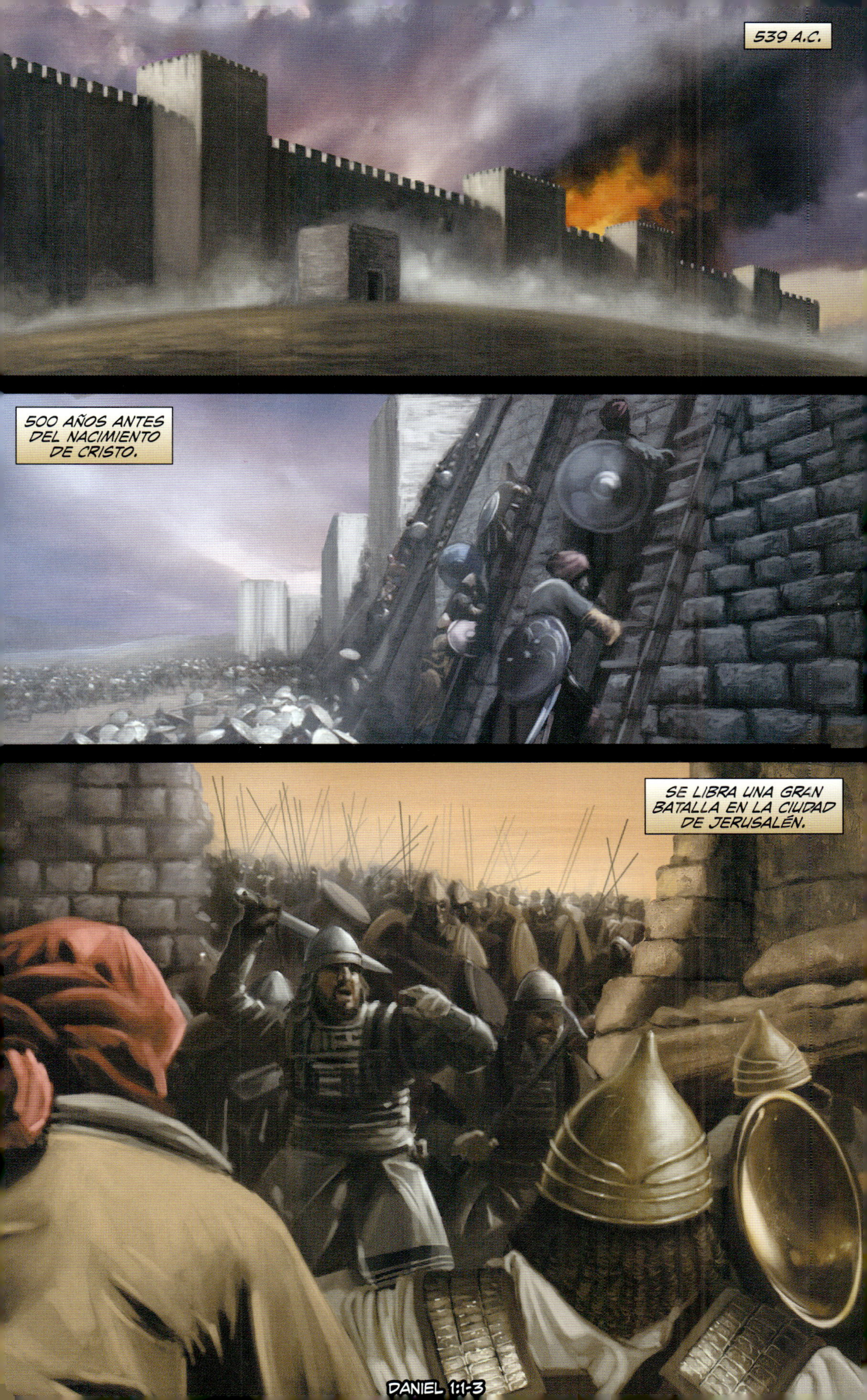

539 A.C.

500 AÑOS ANTES DEL NACIMIENTO DE CRISTO.

SE LIBRA UNA GRAN BATALLA EN LA CIUDAD DE JERUSALÉN.

REY JOACIM, YA NO HAY ESCAPATORIA.

TANTO LAS PUERTAS DEL ESTE COMO DEL OESTE ESTÁN HASTA EL TOPE DE BABILONIOS.

¡OLVÍDATE DE ESCAPAR! DEBEMOS NEGOCIAR CON EL REY NABUCODONOSOR ANTES DE QUE NO QUEDE NADA DE LA CIUDAD REAL.

A ALGUNOS LOS LLEVÓ CON VIDA A BABILONIA.

DICEN QUE ENTERRÓ EN LA ARENA HASTA EL CUELLO A LOS SIDONIOS Y A LOS HITITAS, DESPUÉS HIZO PASAR A SU CABALLERÍA SOBRE SUS CABEZAS. ¡ESO ES NEGOCIAR!

SI CON GANCHOS EN LA MANDÍBULA.

NO PODEMOS NEGOCIAR. NO PODEMOS PELEAR. ¿QUÉ MÁS PODEMOS HACER?

NO TENEMOS OTRA OPCIÓN.

MOMENTOS MÁS TARDE.
¡VENGAN! EL REY HA TOMADO UNA DECISIÓN.
PENSÉ QUE EL REY HABÍA DICHO QUE JERUSALÉN NUNCA CAERÍA, QUE DIOS MISMO NOS PROTEGERÍA.
¿ACASO NOS ABANDONÓ DIOS?
NO. FUE NUESTRO REY EL QUE ABANDONÓ A DIOS.
¡HEY USTEDES!
APRESÚRENSE, EL REY JOACIM QUIERE QUE LA FAMILIA REAL SE ESCONDA EN EL ARSENAL.
¿PODRÁN LOS BABILONIOS ABRIRSE CAMINO A TRAVÉS DE LA GUARDIA REAL?
¡AHORA! ¡NO HAY TIEMPO!

LOS MANTENDREMOS A SALVO AQUÍ.
NO SE PREOCUPEN.

MADRE...

NO PODEMOS PELEAR... NI NEGOCIAR...
SOLO PODEMOS ESCONDERNOS COMO CONEJOS EN UN AGUJERO.
...NO CREO QUE HAY LUGAR SEGURO.
¡ES INÚTIL RESISTIRSE! TÚ Y LA FAMILIA REAL SERÁN LLEVADOS A BABILONIA!
¡AHORA JERUSALÉN ES COMO GAT, DAMASCO, O ECRÓN! ¡AHORA TODOS PERTENECEN A BABILONIA!
¡TENGO ÓRDENES! ¡SI SE RESISTEN MORIRÁ LA FAMILIA REAL!
¡TRAED A LOS HOMBRES CON HACHAS!
¡SÍ SEÑOR! ¿SUS ÓRDENES, SEÑOR?

¡MATEN A TODOS LOS QUE SE PONGAN EN SU CAMINO!
ENCADENEN AL REY.
SUBAN A LOS VAGONES A LAS MADRES Y LOS NIÑOS DE LA FAMILIA REAL SERÁN PUESTOS EN VAGONES Y LLEVADOS A BABILONIA.
MATEN AL RESTO.
DANIEL 1:3

LOS SOLDADOS BABILONIOS LLENARON LA CIUDAD, REGISTRANDO CADA RINCÓN DE JERUSALÉN.

EN LAS CALLES, HABÍA CENTENARES DE CAUTIVOS, ATADOS CON CADENAS.

¡PADRE!

¡EL REY NABUCODONOSOR DIO ÓRDENES CLARAS! LOS NIÑOS Y LAS MADRES DE LA FAMILIA REAL SERÁN PUESTOS EN VAGONES Y LLEVADOS A BABILONIA.
¿QUÉ TIENEN USTEDES AHÍ?
LO QUE EL REY PROMETIÓ.
EL BOTÍN DEL PALACIO PARA LA PRIMERA UNIDAD QUE ENTRARÁ AL PALACIO.
MIS HOMBRES TOMARON ESTO DEL TEMPLO DE SUS DIOSES.
BASTANTE BUENO PARA ELLOS.
NO PUEDES LLEVARTE ESO.
PERO EL REY--
EL REY MISMO ORDENÓ QUE LAS VASIJAS RELIGIOSAS ACOMPAÑARÍAN A LOS JUDÍOS A BABILONIA.
DANIEL 5:3

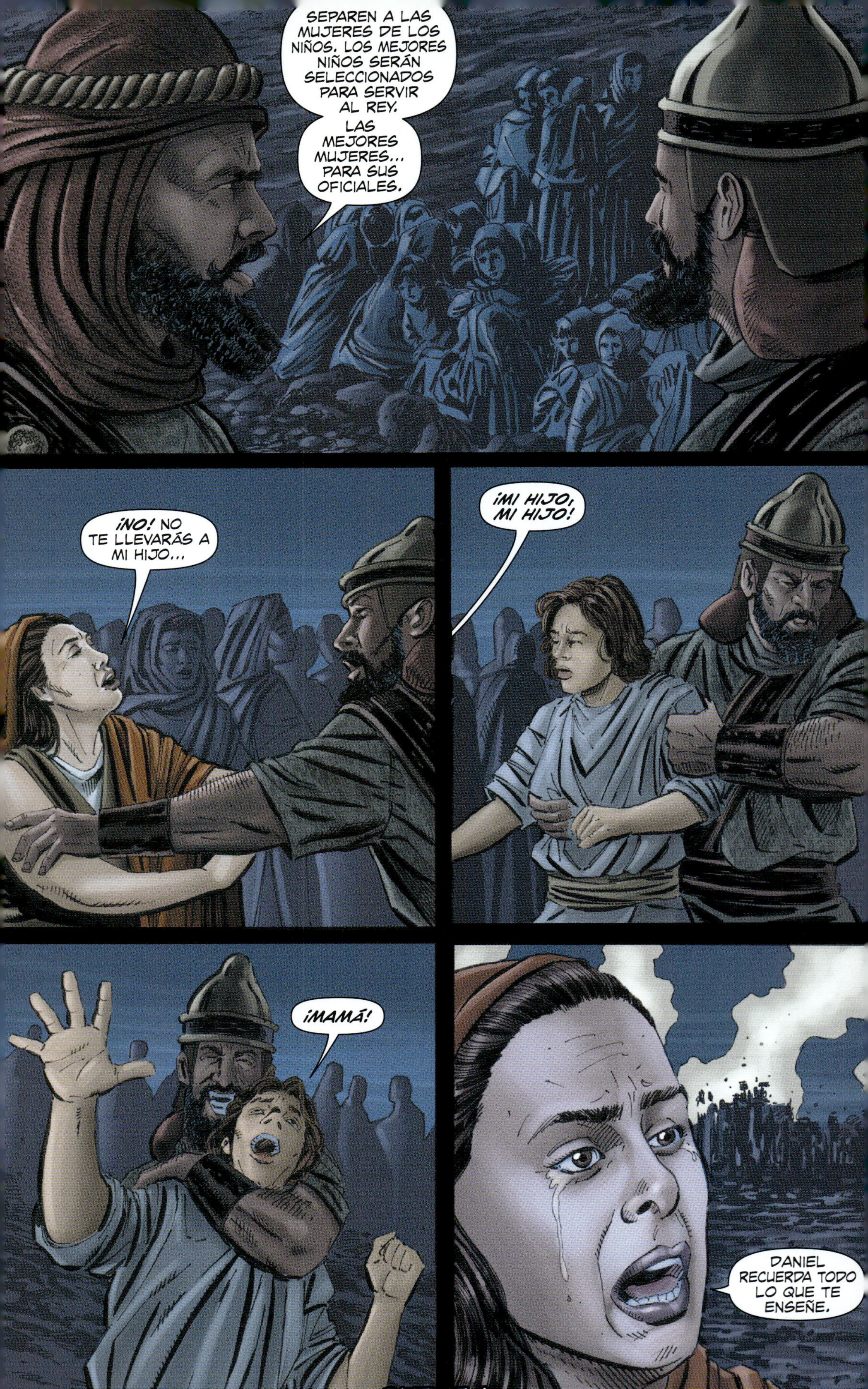

SEPAREN A LAS MUJERES DE LOS NIÑOS. LOS MEJORES NIÑOS SERÁN SELECCIONADOS PARA SERVIR AL REY.
LAS MEJORES MUJERES... PARA SUS OFICIALES.
¡NO! NO TE LLEVARÁS A MI HIJO...

¡MI HIJO, MI HIJO!

¡MAMÁ!

DANIEL RECUERDA TODO LO QUE TE ENSEÑE.

DESPUÉS DE LA DESTRUCCIÓN DE JERUSALÉN, LOS JUDÍOS QUE SOBREVIVIERON FUERON PREPARADOS PARA SER TRANSPORTARLOS.
¿Y AHORA QUÉ, DANIEL?
¡OÍ DECIR A LA GENTE QUE DIOS NOS ABANDONÓ, AZARÍAS!
NO, ANANÍAS, DIOS ESTÁ CON NOSOTROS...
SÍ, DIOS ESTÁ CON NOSOTROS...
DONDEQUIERA QUE VALLAMOS...
...AL NUEVA HOGAR DE ELLOS EN BABILONIA.

JERUSALÉN NO ES DIFERENTE A DAMASCO, LIDIA, O MENFIS.
TODAS ESTÁN BAJO EL CONTROL DE MI SEÑOR NABUCODONOSOR.
¿Y LA CIUDAD?
QUEMAMOS SUS PUERTAS Y VACIAMOS SUS PALACIOS REALES.
SOLO LOS MÁS POBRES DEL PAÍS QUEDARÁN ATRÁS PARA PODAR LOS VIÑEDOS PARA MI SEÑOR EL REY.
¿Y LOS CAUTIVOS?
AQUELLOS QUE SOBREVIVIERON EL SITIO ESTÁN EN CAMINO A LA CIUDAD REAL. ESTARÁN EN EL ÉUFRATES EN TRES SEMANAS.
MIS GENERALES EXPANDEN MI IMPERIO. DEBEN SER RECOMPENSADOS.
CUANDO LOS CAUTIVOS LLEGUEN A BABILONIA MIS OFICIALES PODRÁN ESCOGER DE ENTRE LAS ESPOSAS Y CONCUBINAS DEL REY.

¿Y QUÉ HAGO CON LOS NIÑOS, MI SEÑOR?
COMO SIEMPRE, QUIERO QUE A LOS MEJORES Y MÁS SELECTOS LOS TRAIGAN A VIVIR A LA CIUDAD REAL.
ENTRENARÉ A ESTOS NIÑOS JUDÍOS EN LAS COSTUMBRES BABILÓNICAS Y UNIFICARÉ MI REINO.
EL REY ES GENEROSO Y SABIO, ADEMÁS DE PODEROSO.
NOS REUNIREMOS NUEVAMENTE EN EL PALACIO REAL...
...DESPUÉS DE QUE HALLAS TRAÍDO AL RESTO DEL EJERCITO Y LOS CAUTIVOS A BABILONIA.
DANIEL 1:3-5

Y ASÍ EL REY NABUCODONOSOR, EL HOMBRE MÁS PODEROSO REGRESÓ VICTORIOSO A CASA, UNA DE LAS SIETE MARAVILLAS DEL MUNDO ANTIGUO, ACOMPAÑADO DE SU LEAL EJÉRCITO Y DE INDEFENSOS CAUTIVOS...

¡BABILONIA!

¡MIREN ESTE LUGAR!
¡ES MUCHO MÁS GRANDE QUE NUESTRA CASA!
PARA NOSOTROS, ESTA ES NUESTRA CASA AHORA.
¿ES ESO ORO DE VERDAD?
¡BEL-ZUR! POR INSTRUCCIONES EL REY--
--TE PRESENTO LO MEJOR Y MÁS HERMOSO DE LOS HIJOS DE LOS HEBREOS PARA TU ACADEMIA.
MATERIAL BURDO COMO SIEMPRE, PERO HASTA LOS MÁS PERFECTOS CANDELABROS SE FORMAN DE LOS ROBLES MÁS TORCIDOS.
LLÉVENLOS A LAS HABITACIONES EN EL SEGUNDO PISO.
DESPUÉS DE QUE SE VISTAN SE UNIRÁN A LOS OTROS PARA LA COMIDA DEL MEDIODÍA.
DANIEL 1:4

LOS JARDINES COLGANTES DE BABILONIA.
EL COMEDOR DE LA ACADEMIA.
¡TODOS! ¡A COMER!
¡PARTICIPEN DE LA RECOMPENSA QUE SE NOS DIO!
ESTA COMIDA...
LA COMIDA DE LOS BABILONIOS.
LA COMIDA DE LOS PAGANOS.
¿CÓMO PODEMOS COMERLA?
HAY SOLO UNA RESPUESTA A ESO...
DANIEL 1:8

Y AL DÍA SIGUIENTE.

¿DANIEL, VAN A SERVIR ESTO TODOS LOS DÍAS?
DEBEMOS HACER LO QUE ES CORRECTO.
¡SOLO DESEO QUE LO CORRECTO NO NOS DEJE CON HAMBRE!

HMMM...

COMIDA DEL MEDIODÍA AL TERCER DÍA.
TODOS LOS ESTUDIANTES PUEDEN RETIRARSE.
QUÉDENSE LOS HEBREOS. BEL-ZUR DESEA VERLOS.

LLEVA A LOS DEMÁS A SUS HABITACIONES.

¿QUÉ PASA SEÑOR?
VENGAN CONMIGO.

DANIEL 1:9,10

¿SON ESTOS DE LOS QUE ME HABLASTE?
SI, LOS MÁS EDUCADOS DE TODOS LOS QUE TRAJIMOS DE LA INVASIÓN, PERO LA CAUSA DE MAYOR PREOCUPACIÓN.
USTEDES APENAS HAN COMIDO EN LOS TRES ÚLTIMOS DÍAS.
¿USTEDES SE DAN CUENTA DE LO QUE ME PUEDE PASAR SI EL REY VE QUE ESTÁN MÁS DÉBILES QUE LOS DEMÁS?
TENEMOS HAMBRE--
MUCHA HAMBRE.
--PERO NO PODEMOS COMER SU COMIDA O BEBER SU VINO.
HAN SIDO SACRIFICADOS A SUS DIOSES.
NO PODEMOS PARTICIPAR EN IDOLATRÍA.
¡ES SOLO COMIDA! ¿CUÁL ES LA DIFERENCIA? SI SU DIOS SE ENOJA, ÉL PUEDE VENIR Y DEFENDERSE A SÍ MISMO.
¡EL REY SE ENFURECE RÁPIDAMENTE Y NO TOLERA A LOS SIERVOS QUE FALLAN EN SUS TAREAS!
¡PODRÍA PERDER MI CABEZA!
DANIEL 1:9,10

TENEMOS UNA PROPUESTA PARA TI, PARA PODER OBEDECER A NUESTRAS LEYES JUDÍAS RESPECTO A LOS ALIMENTOS...
...Y PARA QUE PUEDAS CONSERVAR TU CABEZA.
¡AUNQUE FEA, LE TENGO MUCHO CARIÑO!
ESCUCHO.
PRUÉBANOS POR DIEZ DÍAS. DÉJANOS COMER LENTEJAS, VERDURAS, Y VEGETALES.
Y DANOS SOLO AGLA PARA BEBER.
¿Y?
DESPUÉS DE DIEZ DÍAS, VE SI NO ESTAMOS TAN SALUDABLES COMO AQUELLOS QUE COMEN TU COMIDA.
¿Y SI DESPUÉS DE LOS DIEZ DÍAS NO LO ESTÁN?
TODAVÍA NO COMEREMOS LA COMIDA DEL REY NI BEBEREMOS SU VINO.
HMM. HAY SABIDURÍA EN TUS PALABRAS. SOLO POR DIEZ DÍAS. AUN ASÍ NO SE PORQUE DEBERÍA HACERLO. BEL-ZUR, ¡QUE ASÍ SEA!
¡MUY BIEN! ¡COMENZANDO MAÑANA DAREMOS A LOS HEBREOS SOLO VEGETALES Y AGUA!
ESPERO QUE SU DIOS LOS SUSTENTE...
DANIEL 1:9,10

DIEZ DÍAS DESPUÉS.

BEL-ZUR, TUS ESTUDIANTES SE VEN MUY BIEN.
¡ESPECIALMENTE LOS CUATRO HEBREOS! ¡SON PERFECTOS EJEMPLOS FÍSICOS E INTELECTUALES DE LO QUE EL REY DESEA VER!
¡PUEDEN DECIR QUE NUESTRO BUEN ÉXITO O FRACASO ESTABA EN LA CABEZA DE BEL-ZUR!
ALGO A LO QUE SE HA APEGADO MUCHO...
TIENEN LO QUE QUERÍAN.
Y TÚ TIENES TU CABEZA.

¡HA HA HA!

TRES AÑOS MÁS TARDE, LA ACADEMIA REAL DE NABUCODONOSOR.
ME SIENTO TAN MAL, AL ANDAR ENTRE NUESTRA GENTE PARA LLEGAR ALLÁ...
ELLOS V VEN EN POBREZA Y OPRESIÓN MIENTRAS NOSOTROS COMEMOS DE LA CCMIDA DEL REY.
ESTA NOCHE ES NUESTRO TURNO EN EL OBSERVATORIO.
¿NO TE PERTURBA ESTO, VER QUE NUESTRA GENTE SUFRE MIENTRAS QUE A NOSOTROS NO NOS FALTA NADA?
NUESTRA GENTE NO PUEDE POSEER NADA Y SOLO PUEDEN TRABAJAR PARA LOS TERRATENIENTES Y CAMPESINOS.
NADA DE ADORACIÓN...TEMPLO... TODOS NUESTROS OBJETOS SAGRADOS GUARDADOS EN EL TEMPLO DE MERODAC.
TAL VEZ VERDADERAMENTE DIOS SE HA APARTADO DE SU PUEBLO.
NO, ES BUENO QUE NOSOTROS ANDEMOS POR AQUÍ. MIREN.
POR FAVOR AYUDA--
--MI ESPOSO MURIÓ EN EL SITIO DE JERUSALÉN Y NO TENGO FAMILIA...
...SOLO A MI HIJO, Y NO TENEMOS COMIDA...
DIOS NO NOS OLVIDÓ. DIOS NO LOS OLVIDO A ELLOS. Y NOSOTROS NO PODEMOS OLVIDAR.
TODAVÍA PODEMOS ORAR.
...TAL VEZ ESO ES LO QUE MÁS NECESITAMOS.
DANIEL 1:5

¿QUÉ PIENSAS DANIEL, ACÁ ARRIBA?
MI MADRE ESTABA EN LO CIERTO, SOLO YAHWEH PUDO HACER TODO ESTO.

YO NUNCA MIRO A LAS ESTRELLAS. ESFUERZO MI VISTA PARA MIRAR AL HORIZONTE, Y JERUSALÉN.
ESTAMOS A DOS MESES DE VIAJE DE ALLÁ, MISAEL.

TODAVÍA VEO A LA MULTITUD EN LAS CALLES. LA SUAVE MANO DE MI MAMÁ MIENTRAS ME GUÍA EN LOS ESCALONES DEL TEMPLO. EL SABOR DE LOS DÁTILES.
LOS DÁTILES AQUÍ SON BUENOS.
¿PERO POR QUÉ YAHWEH ABANDONÓ A SU PUEBLO? ¿POR QUÉ LIBRARNOS DEL FARAÓN Y DARNOS LA TIERRA PROMETIDA, SOLO PARA ENTREGARNOS A NABUCODONOSOR?
MISAEL, NO CREO QUE JEHOVÁ ABANDONÓ A ISRAEL.
EN REALIDAD FUE NUESTRO PUEBLO QUIEN ABANDONÓ A JEHOVÁ. EL PROFETA LO ANUNCIÓ.

¿PERO POR QUÉ LOS PAGANOS BABILONIOS?
¿POR QUÉ NO LOS PAGANOS BABILONIOS? DIOS TIENE UN PROPÓSITO QUE NO PODEMOS VER.
DANIEL, SIEMPRE EL SABIO.

DANIEL 1:18-20

RECUERDEN TODO LO QUE HAN APRENDIDO.
...QUE SU DIOS ESTE CON USTEDES.
Y ASÍ EL REY OBSERVÓ A LOS ESTUDIANTES HEBREOS.
CADA UNO DE ELLOS DEMOSTRÓ TODO LO QUE HABÍAN APRENDIDO EN LA ACADEMIA.
HASTA QUE...
ESTA ES LA CALIDAD QUE ESPERO.
DANIEL 1:18-20

DESPUÉS EL REY TUVO UNA MALA NOCHE...

AAAYYHHH...!
¡LOS DIOSES ME ESTÁN HABLANDO!

EN LA ACADEMIA.

NO ENTIENDO.
EL REY CLAMA QUE USTEDES SON DIEZ VECES MÁS SABIOS QUE LOS TODOS LOS DEMÁS.

ANANÍAS, MÁS VEGETALES.

TODOS LOS SABIOS, ASTRÓLOGOS Y SUS ESTUDIANTES DEBEN IR AL SALÓN DE NIMRI.
SOLO SÍGANME.
¿POR QUÉ?

EN EL SALÓN DE NIMRI.
YO, ARIOC, ¡HABLÓ CON LA AUTORIDAD DEL REY!
POR DECRETO DEL GRAN NABUCODONOSOR--
...SERÁN EJECUTADOS AL PONERSE EL SOL,

TODOS LOS SABIOS, ENCANTADORES, ASTRÓLOGOS, ASÍ COMO SUS ESTUDIANTES...
¿CÓMO EL REY...

¡¿LO QUÉ ÉL PIDE ES IMPOSIBLE, CÓMO PUEDE UN HOMBRE LEER SU MENTE Y DECIR LO SU SUEÑO?!
¿POR QUÉ EL REY DEBE PROVEERLES REFUGIO Y COMIDA CUANDO NO PUEDEN HACER LA ÚNICA COSA QUE LES PIDE?

BEL-ZUR, ¿PUEDES DARME UNA AUDIENCIA CON EL COMANDANTE ARIOC?
¿PARA QUÉ, DANIEL?
TE PIDO QUE CONFÍES EN MI, Y EN MI DIOS, COMO LO HAS HECHO ANTES...
DANIEL 2:13

BEL-ZUR ME HA HABLADO DE TU SABIDURÍA, PERO NO PUEDO HACER QUE EL REY CAMBIE DE PARECER.
SU PALABRA ES LEY.
EL REY MISMO SE IMPRESIONÓ DE NUESTRO CONOCIMIENTO.
POR FAVOR, PREGÚNTALE.

NUNCA ME GUSTÓ EL PLAN DEL REY DE TRAER A TODA ESTA GENTE.
LOS DIOSES ESTÁN OFENDIDOS POR TANTA CREENCIA EXTRAÑA.
PREGUNTARÉ, PERO NO ILUSIONES.

EN LA CÁMARA DEL TRONO DEL REY.
COMO TE ENCONTRÉ MÁS SABIO QUE LOS DEMÁS, ESTUVE DE ACUERDO EN VERTE, HEBREO.

PERO NO SERÁS TRATADO MEJOR QUE LOS DEMÁS.
USTED ESTÁ EN LO CIERTO.

¿ENTONCES POR QUÉ MOLESTAR AL REY, A MENOS QUE QUIERAS SER EL PRIMERO EN MORIR?
LA INTERPRETACIÓN DE LOS SUEÑOS NO ES DE HOMBRES SINO DE DIOS.
LOS DIOSES NO HABLAN, AL MENOS A LOS CHARLATANES DISFRAZADOS DE SABIOS.
LOS DIOSES ME ATORMENTAN CON UN SUEÑO Y NO ME REVELARÁN SU SIGNIFICADO.
O REY, RUEGO QUE ME DÉ UNA OPORTUNIDAD DE DECIRLE SU SUEÑO.
HEBREO, ERES COMO LOS DEMÁS SABIOS, SOLO TRATANDO DE COMPRAR MÁS TIEMPO.
ARIOC, ¿POR QUÉ HAS GASTADO MI TIEMPO CON ESTE INSENSATO?
SEÑOR... EL AYUDANTE BEL-ZUR DICE QUE LOS ESPÍRITUS DE LOS DIOSES SANTOS ESTÁN EN ÉL, MI SEÑOR.
MI SEÑOR USTED VIO SU SABIDURÍA.
TENDRÁS SOLO UNA OPORTUNIDAD. NO PUEDO RESISTIR OTRO SUEÑO- ME VOLVERÉ LOCO SINO ENCUENTRO SU SIGNIFICADO.
SOLO CUANDO ALGUIEN ME DIGA MI SUEÑO SABRÉ QUE PUEDO CONFIAR EN SU INTERPRETACIÓN.
BIEN DICHO GRAN REY. PORQUE SOLO DIOS PUEDE REVELAR LOS SUEÑOS.
DANIEL 2:14

EN LA MAÑANA CONOCEREMOS EL SUEÑO...
...O SEREMOS LOS PRIMEROS EN MORIR.

ESA NOCHE.
OREN CONMIGO MIS AMIGOS, Y SUPLIQUEMOS POR MISERICORDIA DEL DIOS DE LOS CIELOS.

DE LO CONTRARIO, NOS ENCONTRAREMOS CON ÉL MAÑANA.

DANIEL 2:17,18

EN LA MAÑANA
¿ESTÁS LISTO PARA MORIR JUNTO AL RESTO DE LOS CHARLATANES Y ENGAÑADORES QUE SE HACEN LLAMAR SABIOS?
DIOS DA SABIDURÍA AL SABIO Y CONOCIMIENTO AL SAGAZ.
ÉL REVELA COSAS PROFUNDAS Y ESCONDIDAS; ÉL CONOCE LO QUE ESTÁ EN LA OSCURIDAD, Y LA LUZ HABITA CON ÉL.
DEJA TU HABLADURÍA, O TU CABEZA SERÁ LA PRIMERA EN RODAR POR HACERME ESPERAR UN DÍA MÁS.
NINGÚN ENCANTADOR O ADIVINO PUEDE EXPLICAR AL REY ESTE MISTERIO PORQUE ES DE DIOS. EL MISTERIO ME FUE REVELADO NO POR TENER MÁS SABIDURÍA, SINO PARA QUE PUEDA ENTENDER.
VISTE, O REY, UNA ESTATUA, IMPONENTE EN APARIENCIA. LA CABEZA ERA ORO PURO, EL PECHO Y LOS BRAZOS DE PLATA. TENÍA VIENTRE Y MUSLOS DE BRONCE, PIERNAS DE HIERRO, Y PIES DE UNA MEZCLA DE HIERRO Y BARRO.
DANIEL 2:27-28

VISTE UNA ROCA QUE GOLPEÓ A LA ESTATUA, Y LA ESTATUA SE HIZO COMO PAJA, QUE FUE LLEVADA SIN DEJAR RASTRO. PERO ESTA ROCA, O REY, SE HIZO UNA GRAN MONTAÑA QUE LLENÓ LA TIERRA.
¡TÚ...TÚ CONOCES MI SUEÑO! ¿PERO QUÉ SIGNIFICA?
EL DIOS DE LOS CIELOS TE HA DADO DOMINIO Y PODER. TÚ ERES LA CABEZA DE ORO.
DESPUÉS DE TI VENDRÁ OTRO REY INFERIOR A TI, O REY.
ENTONCES UN TERCER REY DE BRONCE GOBERNARÁ LA TIERRA.
FINALMENTE, VENDRÁ UN CUARTO REY DE HIERRO QUE APLASTARÁ Y ROMPERÁ A LOS DEMÁS. PERO SU PUEBLO SERÁ UNA MEZCLA Y NO PERMANECERÁN UNIDOS, COMO EL HIERRO NO SE MEZCLA CON EL BARRO.
EN EL TIEMPO DE ESOS REYES, EL DIOS DE LOS CIELOS ESTABLECERÁ UN REINO QUE NUNCA SERÁ DESTRUIDO.
DIOS TE HA MOSTRADO LO QUE ACONTECERÁ EN EL FUTURO.
EL SUEÑO ES VERDAD Y LA INTERPRETACIÓN CONFIABLE.
DE VERDAD TU DIOS ES EL DIOS DE DIOSES Y EL SEÑOR DE LOS REYES Y UN REVELADOR DE MISTERIOS, PORQUE FUISTE CAPAZ DE REVELARME ESTE MISTERIO.
DANIEL 2:29-47

ORDENO QUE DANIEL SEA EL JEFE ADMINISTRADOR DE MI REINO.
SUS AMIGOS, LOS PRINCIPALES GOBERNADORES.
PERO MI SEÑOR SON JUDÍOS EXILIADOS, ¡Y ÉL APENAS ES UN HOMBRE!
¡NO ME INTERESA SI SON PERROS RABIOSOS!
¡CUALQUIERA DE ELLOS TIENE MÁS SENTIDO EN UN DEDO DE LOS PIES QUE DIEZ DE MIS SABIOS!

SÍ, MI SEÑOR.

POR ORDEN DEL GRAN NABUCODONOSOR, DANIEL SERÁ JEFE ADMINISTRADOR SOBRE TODA BABILONIA.

EL REY ESTÁ LOCO. HACER A UN EXTRANJERO GOBERNANTE SOBRE SU PUEBLO.
¡Y UN SIMPLE JOVENZUELO PARA COLMO!

DANIEL TENDRÁ EL HONOR DE VIVIR EN EL PALACIO DEL REY.
ADEMÁS, SUS TRES AMIGOS QUE SE HAN DISTINGUIDO SERÁN DESIGNADOS HOY ADMINISTRADORES SOBRE LA PROVINCIA DE BABILONIA.
LOCURA, PURA LOCURA.
DANIEL 2:48-49

¡TOMÉ A CARQUEMIS EN EL ÉUFRATES! ¡MIS EJÉRCITOS ANIQUILARON A HAMAT! ¡PALESTINA LAMIÓ EL POLVO DE MIS SANDALIAS!

AHORA...¡¿ESTE PEQUEÑO EJERCITO SIRIO DETIENE LAS RUEDAS DE MIS MEJORES CARRUAJES?!
MI REY, NUESTRAS FUERZAS ESTÁN AGOTADAS CON LAS CAMPAÑAS CONTRA LOS EGIPCIOS Y LOS HEBREOS.
¡YO NO CRUCÉ EL ARDIENTE DESIERTO PARA VER A MIS HOMBRES FALLAR EN LA TOMA DE ALEPO, GENERAL ARAHAD!
NO ESTAMOS TERMINADOS-MUCHAS VECES SE REQUIEREN MUCHOS GOLPES ANTES DE QUE UN GUERRERO CAIGA.
DAREMOS LOS GOLPES NECESARIOS.

GRAN REY, HAY UNA MANERA DE QUE SE RINDAN. SI EL REY HACE ACUERDOS CON...
GRACIAS DANIEL...

...PERO ESTE ES UNA ASUNTO MILITAR, NO CIVIL.

NUNCA TUVE UN SITIO QUE DEMORARÁ TANTO.
GRAN REY, ELLOS HAN CONTRATADO LOS CARRUAJES DE HIERRO DE LOS HITITAS PARA SU PROTECCIÓN.

YO QUISIERA ESTAR EN BABILONIA MIENTRAS MIS INGENIEROS CONSTRUYEN LOS GRANDES JARDINES.
PERO TENGO QUE ESTAR AQUÍ, SENTADO, SUDANDO COMO LAS JOROBAS DE UN CAMELLOS EN UN DÍA DE VERANO.
MI SEÑOR...

YO APLASTÉ AL PODEROSO EJERCITO DEL FARAÓN EN MENFIS. HICE POLVO FINO A LOS ARAMEOS EN DAMASCO, ¿CÓMO PUDE FALLAR CON ESTA BASE EN EL DESIERTO?
SEA PACIENTE MI SEÑOR.
¿ACASO TODOS MIS SOLDADOS QUE ERAN COMO CARNEROS DE ATAQUE SE HAN CAMBIADO EN OVEJAS QUEJOSAS?

¡QUIERO MÁS VINO!
¡MIS SABIOS SON INEPTOS Y MIS SOLDADOS MUJERES!

SI PUDIERA DECIR OTRA PALABRA.
MUCHAS VECES EL MÁS PEQUEÑO PUEDE DERRIBAR AL MÁS GRANDE.

UN DIENTE INFECTADO.
UNA PARTÍCULA DE ARENA EN EL OJO POR UNA TORMENTA DE VIENTO.
UNA ESPINA EN UN PIE.
...O INCLUSO UN ANIMAL ENFERMO.

AL NORTE DE LA MONTAÑAS DE KUMMUHU Y LOS CARROS HITITAS.
MÁS ALLÁ DE ELLOS, UNA MURALLA FÁCILMENTE SE DERRIBARÍA POR TUS CATAPULTAS.
LLEVA A TU INFANTERÍA Y LANCEROS MÁS ALLÁ DE LOS HITITAS Y LA CIUDAD SE QUEBRARÁ COMO UN HUEVO.
EL MÁS BAJO DE MIS SOLDADOS DE INFANTERÍA SE HA DADO CUENTA DE ESO.

PERO NINGUNO... INCLUYENDO A LOS GENERALES, SE HA DADO CUENTA DE LO MÁS PEQUEÑO.
¿Y QUÉ ES ESTO PEQUEÑO? ¿SOLTARÁS A LOS ESCORPIONES DE ACADIA SOBRE ELLOS?
HE PENSADO EN ALGO MÁS SENCILLO.

DETÉN A LOS CABALLOS, UNA VEZ QUE DETENGAS LOS CARRUAJES, HAS CONQUISTADO A ALEPO.
NO ME HABLES EN ACERTIJOS, MI BRILLANTE HEBREO. MI PACIENCIA ESTÁ MUY AGOTADA EN ESTE ARDIENTE DESIERTO.

EN LA ACADEMIA REAL, EMBOTELLÁBAMOS UN LÍQUIDO PARA ALIVIAR A LOS SOLDADOS ANTES DE LA CIRUGÍA.
PERO EL AYUDANTE LO USABA PARA MATAR A LOS RATONES DE LA ACADEMIA PONIENDO UN POCO EN SEMILLAS Y MIGAJAS DE PAN EN LA NOCHE.
ESTO REDUCIRÁ LA VELOCIDAD DE LOS CABALLOS DE LOS CARRUAJES HITITAS.

TRAEDME DOCE HOMBRES QUE PUEDAN MOVERSE COMO FANTASMAS EN LA NOCHE.

TENGO LOS HOMBRES QUE BUSCA.

TRAIGANME A ESOS DOCE ESPÍAS.

ERES MÁS INTELIGENTE QUE DIEZ DE MIS GENERALES.

ADELANTE ENVÍA A TU SEGUNDO BATALLÓN.
ESO NOS DEJARÁ SIN RESERVAS.

"NO LOS NECESITAS."

"LA ESTRATEGIA DE DANIEL FUE EXITOSA. LA BATALLA ES TUYA. ALEPO ES MÍA."

ALEPO ES OTRA CIUDAD QUE CAE EN ANTE LA GIGANTE BABILONIA.

EL PRECIO DE OPONÉRSEME. NO QUISIERON SER PARTE DE BABILONIA, ENTONCES MORIRÁN.
¿CÓMO QUIERE EL REY QUE SE LO RECUERDE EN LA HISTORIA?
O, SÍ SERÉ RECORDADO. LOS FARAONES, LOS ASIRIOS, INCLUSO TU REY DAVID, NUNCA CONQUISTÓ TANTA TIERRA COMO YO.
¿PERO QUIERE SER RECORDADO COMO SOLO UN GUERRERO FUERTE?
¿HAY ALGO MÁS?
ESTOS HOMBRES, A LOS QUE TUS SOLDADOS ESTÁN EJECUTANDO, CONSTRUYERON ARTEFACTOS MECÁNICOS PARA MOVER EL AGUA. HARÍAMOS BIEN EN APRENDER DE ELLOS.
QUIERES CONSTRUIR LA CIUDAD MÁS GRANDIOSA QUE JAMÁS HA VISTO EL HOMBRE.
¿QUIERES QUE SEA MISERICORDIOSO? UN IMPERIO SOLO PUEDE CRECER POR LA FUERZA Y EL TEMOR.

DETENGAN LAS EJECUCIONES.
DIGAN AL GENERAL ARAHAD QUE ES SUFICIENTE. YA HAN APRENDIDO LA LECCIÓN.
EL RESTO SERÁ ENCADENADO Y TRAÍDO A BABILONIA. DANIEL LES DARÁ MÁS CONSEJO DESDE AHÍ.
EL REY SERÁ CONOCIDO COMO SABIO Y TAMBIÉN PODEROSO.
A ARAHAD NO LE GUSTARÁ.

EL REY ME MANDÓ A BUSCAR.
¿TE GUSTAN LOS "ADORNOS" QUE ESCOGÍ PARA MI CENA PRIVADA?
HAY MUCHOS QUE TE ENVIDIARÍAN.
ESTO NO TE COMPLACE, ¿VERDAD?
JEHOVÁ CREÓ A LAS MUJERES...Y HERMOSAS.
CON ESTÁS PARTAS, ÉL HIZO UN EXCEPCIONAL TRABAJO.
COMO MI FIEL CONSEJERO TE DARÉ LO QUE QUIERAS DE LA RECOMPENSA DEL REY.
NUESTRA LEY DICE QUE NO DEBEMOS CASARNOS CON EXTRANJERAS. TOMARÉ ESPOSA DE ENTRE MI PUEBLO.
TU DIOS NO ES MUY DIVERTIDO.
¿FUE TU DIOS QUIEN CREÓ LAS ESTRELLAS Y LOS CIELOS QUE MIS ASTRÓLOGOS Y SABIOS LEEN CADA NOCHE?
ASÍ ES.

TE HAS DEMORADO MÁS DE LO USUAL PARA MI INFORME.
LAS CARAVANAS DE TARSO Y CARQUEMIS VINIERON Y SE FUERON.
PARA ESTO NECESITO UNA AUDIENCIA PRIVADA.
HABLA ABIERTAMENTE, DANIEL. ESTOS NO SON MÁS QUE MUJERES Y EUNUCOS.
MIS GENERALES AVANZARÁN PRONTO CONTRA LIDIA. ELLOS NECESITARÁN ESAS PROVISIONES.
TENÍA QUE VERIFICAR MIS SOSPECHAS ANTES DE VENIR ANTE USTED.
LOS INTENDENTES REALES HAN TOMADO PARA ELLOS PARTE DE LA RECOMPENSA DEL REY.
¿ESTÁS SEGURO? ZURSHAMAN Y TELAMIN HAN ESTADO CONMIGO DESDE MIS PRIMERAS CAMPAÑAS.
TENGO DOCUMENTOS Y TESTIGOS DE MIS ACUSACIONES.
GUARDIAS TRÁIGANLOS ANTE MÍ.
EL REY DEBE CONSTATAR SU ENGAÑO CON SUS PROPIOS OJOS Y OÍDOS.
SABIAMENTE DICHO. QUE ASÍ SEA.

LOS INTENDENTES DE LAS CARAVANAS REALES DE TARSO Y CARQUEMIS, MI SEÑOR.
¡MIS FIELES AYUDANTES ZUR-SHAMAN Y TEL-AMIN!

GRAN REY, NOS TOMÓ MUCHOS MESES ENTREGARTE TANTA ABUNDANCIA, PERO VERÁ QUE VALIÓ LA PENA.

LO MEJOR DE TARSO, PARA EL REY Y SU CASA.

PARA EL REY MÁS GRANDIOSO DEL MUNDO, LA TIERRA MISMA ABRE SU BOCA Y PRODUCE ESTAS HERMOSAS GEMAS DE LAS MINAS DE QUARMON.

Y PARA ADORNAR A NUESTRO REY, LOS PLATEROS DE CARQUEMIS OFRECEN SU TRABAJO MÁS FINO.

MIS INTENDENTES ME TRAJERON MUCHOS REGALOS FINOS.
NUESTRA CARAVANA MÁS GRANDE, MÁS GRANDE QUE LA DE LIBIA. EL REY DEBE ESTAR MUY COMPLACIDO...

EL REY NO ESTÁ MUY COMPLACIDO.

DE HECHO...EL REY ESTÁ ENOJADO EN GRAN MANERA.
MIS HOMBRES MARCHAN EN DOS SEMANAS A ATACAR A LOS PUEBLOS FRONTERIZOS DE LOS MEDOS Y LOS LIDIOS.
ESTARÁN ALLÍ MUCHOS MESES. NECESITARÁN MUCHOS SUMINISTROS.

EL REY ENCONTRARÁ NUESTROS QUE SUMINISTROS SON MÁS QUE SUFICIENTES.
NO NECESITO VERIFICAR, TENGO UN CONSEJERO CONFIABLE.

VEO AQUÍ EN EL INFORME DE DANIEL CUÁNTO ENTRÓ A HAMATH Y TADMOR Y CUÁNTO SALIÓ.
¿ES POSIBLE QUE MIS INTENDENTES CONTARÁN MAL?
...¿O ESTÁN MIS AYUDANTES TOMANDO PARTE DE LA RECOMPENSA DEL REY?
¿O ES POSIBLE QUE UN HEBREO PRISIONERO DE GUERRA SEA MAS DIGNO DE CONFIANZA QUE MIS PROPIOS SIERVOS?

¡O REY, ROGAMOS SU MISERICORDIA!
PIDAN MISERICORDIA A LOS ESCORPIONES DE ACADIA; LOS TENDRÁN TAN CERCA QUE LOS ESCUCHARÁN.

QUE TODOS BABILONIOS VEAN EL DESTINO DE CUALQUIERA QUE ES INFIEL AL GRAN REY NABUCODONOSOR.

¡¡AYAYAY!!

UN LOCO ACONSEJADO POR UN JUDÍO. ¡QUÉ MÁS SE PUEDE ESPERAR!
DANIEL GANA MÁS FAVOR DEL REY CADA DÍA.
PERO NO POR MUCHO TIEMPO.

¿HAS LEÍDO ALGO EN LAS ESTRELLAS?
MEJOR QUE ESO. HE VISTO UN BOSQUEJO DE UN GRAN MONUMENTO QUE NUESTRO ENGREÍDO REY PLANEA CONSTRUIR.

DANIEL, LOS HOMBRES QUE SALVAMOS EN ALEPO NOS MOSTRARON UN SISTEMA PARA REGAR LAS TERRAZAS EN LOS JARDINES.
DESPUÉS DEL TEMPLO DE SALOMÓN NO HABÍA VISTO TANTA BELLEZA.
DEJÉ TU TEMPLO EN PIE COSAS QUE NO HICE CON LOS SIDONIOS Y LOS FENICIOS.
POR RESPETO A TI Y A TU DIOS, LAS VASIJAS DEL TEMPLO PERMANECERÁN INTACTAS.
GRACIAS, MI REY.
TUS AMIGOS SE HAN DISTINGUIDO EN EL SERVICIO TAMBIÉN.
ME SIRVEN BIEN COMO GOBERNADORES PROVINCIALES.
PERO TE NECESITO AQUÍ... EN BABILONIA.

LOS JARDINES COLGANTES DE
BABILONIA, UNA DE LAS SIETE
MARAVILLAS DEL MUNDO ANTIGUO.

"NECESITARÉ A UN HOMBRE CON TU SABIDURÍA Y EXPERIENCIA A QUE ME AYUDE A GOBERNAR LA CIUDAD MÁS ESPLÉNDIDA EN LA FAZ DE LA TIERRA."
"Y QUE ME AYUDE A SUPERVISAR EL CUIDADO DE MIS MAGNÍFICOS JARDINES COLGANTES Y LOS CANALES DE LA CIUDAD.

MIS DONES Y TALENTOS, CUALESQUIERA QUE SEAN LOS OFREZCO AL SERVICIO DE MI REY Y BENEFACTOR.
COMO MI REY YA SABE, YO SIRVO PRIMERO A MI DIOS.
ÉL ES QUIEN ME DA ESOS DONES Y TALENTOS QUE USO PARA SERVIRTE.
POR SUPUESTO, POR SUPUESTO.
TUS AMIGOS ME SERVIRÁN EN LAS PROVINCIAS FUERA DE LA CIUDAD.
ALLÍ EN LA PLANICIE DE DURA, ESTOY CONSTRUYENDO OTRO MONUMENTO A MI GRANDEZA.
SERÉ RECORDADO.

...Y TÚ TAMBIÉN.
¿CUÁNDO ANTES SE SUPO QUE UN EXILIADO FUERA EL SEGUNDO MÁS GRANDE DEL REINO?

DIME DANIEL, ¿QUÉ PIENSA TU PUEBLO DE TI?
LOS OTROS JUDÍOS ME SIRVEN COMO OBREROS EN MIS PROYECTOS DE CONSTRUCCIÓN Y PASTORES DE MIS ANIMALES.
PERO TU VIVES CON LUJOS, COMO CONFIDENTE DE TU CONQUISTADOR.
YAHWEH ME LLAMÓ PARA ESTO.
¿TU DIOS TE HABLA?
MIENTRAS ORO, MEDITO Y LEO SU LEY, ÉL ME HABLA.
ES POR ESO QUE NOSOTROS LOS JUDÍOS LO LLAMAMOS EL DIOS VIVIENTE.

LOS DIOSES SE MOFAN DE NOSOTROS...JUEGAN CON NOSOTROS. SERIAMENTE DUDO QUE NOS HABLEN...
"PERO SÍ...ME HAN ESCOGIDO PARA GOBERNAR A LOS HOMBRES."

PLANICIE DE DURA.
¡MIREN! UNA MARAVILLA, ¿VERDAD?
ES IDOLATRÍA.
¿CUÁNDO ESTARÁ TERMINADA, MISAEL, ESTE, DIGO MESAC?
¡ES DIFÍCIL RECORDAR NUESTRO NOMBRE BABILONIO. ANANÍAS TE QUEDA MEJOR QUE SADRAC!
LA TERMINARÁN EN UNOS DÍAS.
LAS FRAGUADORES DE KAZIR FUNDEN UN TALENTO AL DÍA PARA RECUBRIR LA ESTATUA DE ORO PURO.
DANIEL 3:1

PURO ORO. PURO ORGULLO... E IDOLATRÍA.
DICEN QUE TODOS DEBEN POSTRARSE A ELLA. ¿QUIZÁS COMO GOBERNADORES SEREMOS EXIMIDOS DE HACERLO ABED-NEGO?
QUIZÁS. Y EL REY NO ESTÁ AQUÍ, ASÍ QUE SOY AZARÍAS.
DESPUÉS QUE LA ESTATUA FUE TERMINADA.
ENVÍEN UNA PROCLAMACIÓN A TRAVÉS DE LA PROVINCIA. TODOS DEBEN REUNIRSE EN LA PLANICIE DE DURA.
¿LAS ESPOSAS Y LOS NIÑOS TAMBIÉN?
¡TODOS! TODOS DEBEN REUNIRSE EN LA PLANICIE DE DURA...
¡ESCUCHEN ESTA PROCLAMACIÓN!
¡TODOS DEBEN REUNIRSE EN LA PLANICIE DE DURA!
¡TODOS DEBEN RENDIR HONOR A SU SEÑOR EL REY!
...HASTA NOSOTROS. TODOS LOS GOBERNADORES DEBEN COMPARECER.
COMO TEMÍA.
ÉL NO MIDE EN GASTOS PARA ASEGURARSE DE QUE TODOS SEPAN DE SU GRANDEZA.
PARECE QUE NUESTRO REY NO HA COMPRENDIDO QUIEN DEBE SER ADORADO.
DANIEL 3:1-7

LA PLANICIE DE DURA.
¡PERFECTO! LA MANERA EN QUE DESTRUYE A UN ENEMIGO ES CONOCER SU DEBILIDAD, Y ¡ESTOS JUDÍOS SÍ TIENEN DEBILIDADES!
CADA HOMBRE TIENE UNA DEBILIDAD. Y YO CONOZCO LA MÍA...
LA TUYA ES EVIDENTE.
MI DEBILIDAD ES EL PODER. ¡ALGO QUE TENDRÉ A PARTIR DE ESTE DÍA! Y LA DE ELLOS...
"...LA DE ELLOS ES SU DIOS."
"¡HOY SERÁN HUMILLADOS ANTE LO QUE CONSIDERAN UN 'ÍDOLO'!"

¡ESTA ES LA ORDEN, O PUEBLOS, NACIONES, Y HOMBRES DE TODOS LOS IDIOMAS! CUANDO SE ESCUCHE EL SONIDO DE LA TROMPETA, LA FLAUTA, EL TAMBORIL, LA LIRA, EL ARPA, EL SALTERIO Y TODA CLASE DE INSTRUMENTO DE MÚSICA...
TODO SER VIVIENTE SE PROSTRARÁ Y ADORARÁ LA IMAGEN DEL GRAN REY NABUCODONOSOR.
Y CUALQUIERA QUE NO SE POSTRE Y ADORE SERÁ LANZADO INMEDIATAMENTE AL HORNO DE FUEGO.
"—¡MORIRÁN!"
DANIEL 3:4-7

¿AHORA?
CREO...
¡CÁLLATE Y ARRODÍLLATE!
¡TOOOWHIIIT! TA-TA-TA-TAT-TAA-WOOOO

HEHEHEH. MEJOR DE LO QUE ESPERABA.
CADA HOMBRE TIENE UNA DEBILIDAD.

¡SADRAC! ¡MESAC! ¡ABED-NEGO! EL REY NO HA REPARADO EN GASTOS PARA HACER ESTA IMAGEN DE ÉL.

"EL GRAN REY NABUCODONOSOR DECRETÓ QUE TODOS DEBÍAN INCLINARSE A SU IMAGEN."

"¡Y TODOS LO HAN HECHO! ¡SU MAJESTAD!"
¡QUÉ NECIOS!
MORIRÁN.

DANIEL 3:8-12

¡EL REY SABRÁ DE SU INSOLENCIA!
DE VERDAD QUE SÍ...

AL DÍA SIGUIENTE, EL REY NABUCODONOSOR ESCUCHA EN LA CORTE UNA QUEJA CONTRA UNO DE SUS LÍDERES MILITARES.
GENERAL SHAMIZZAR, SUPE QUE MATASTE A FILO DE ESPADA A LOS CAUTIVOS.
Y DEJASTE ESCAPAR A SU REY.
TE ENVIÉ A CALA POR UNA RAZÓN...
GRAN REY, HE LIDERADO TRES CAMPAÑAS CON BUEN ÉXITO.

AUN ASÍ NO OBEDECISTE MI ORDEN.
ESOS PRISIONEROS PUDIERON TRABAJAR EN MIS JARDINES.

NO HUBO NADA QUE PUDIÉRAMOS HACER, MI SEÑOR. ELLOS NOS OBLIGARON A--
TÚ Y TUS HOMBRES ACTUARON COMO MUJERES.
GRAN REY, TEN MISERICORDIA. TU SIERVO NUNCA HA PERDIDO UNA BATALLA.
NO, PERO PERDISTE UN REY AL QUE QUERÍA DESTRUIR.
¿CUÁL ES SU VOLUNTAD, MI SEÑOR?
COMO NO RESPETÓ MI ORDEN, ÉL Y EL RESTO DE SUS OFICIALES APRENDERÁN UNA GRAN LECCIÓN.
TENGA MISERICORDIA GRAN REY... MISERICORDIA.

ZEBONEZER, TIENES PERMISO PARA HABLAR AL REY.
SE BREVE. ESTOY A PUNTO DE EJECUTAR A UN GENERAL.

NO LO IMPORTUNAREMOS, O REY.
LA FALTA DE TEMOR Y RESPETO AL REY DEBE SER CASTIGADA DONDEQUIERA QUE SE VEA. SEA EN SU EJERCITO...
...O EN SU PROPIA CORTE.

¿DENTRO DE MI CORTE?
O GRAN REY, VIVE SIEMPRE EN PODER Y MAJESTAD.
PERO CIERTOS EXTRANJEROS NO RESPETAN LAS RELIGIONES DE BABILONIA, NI EL EDICTO DEL REY.

DECLARA LO QUE SABES.
DANIEL 3:8-12

LOS JUDÍOS A LOS QUE EL GRAN BENEFACTOR PERMITIÓ VIVIR, NO HAN MOSTRADO TEMOR O RESPETO A LAS ORDENES DEL REY.
EN LA GRAN CONVOCACIÓN AYER, CUANDO TODOS SE REUNIERON EN LA PLANICIE PARA HONRAR AL INCOMPARABLE NABUCODONOSOR Y A SU IMAGEN...
VIMOS A LOS MÁS ALTOS CONSEJEROS DEL REY Y DE MAYOR CONFIANZA QUE CON TODA ARROGANCIA NO SE INCLINARON LA IMAGEN DEL INMORTAL.
HABLA AHORA ZENOBEZER.
LOS JUDÍOS A QUIEN USTED PUSO SOBRE LOS ASUNTOS DE BABILONIA—SADRAC, MESAC, ABED-NEGO, QUIENES NO PRESTARON ATENCIÓN A SU ORDEN, O MI REY.
DONDEQUIERA QUE ESTÉN— ¡TRÁIGANLOS AQUÍ!
SUFRIRÁN LA MUERTE MÁS TERRIBLE DE TODAS...
DESPUÉS DE QUE ATIENDA A MI OTRA EJECUCIÓN...
¡¿QUIÉN HIZO ESO?!
DANIEL 3:8-13

MÁS TARDE.
¿ESTÁN PRESENTES TODOS LOS GENERALES Y OFICIALES?
SÍ, MI SEÑOR.
CUALQUIERA QUE NO OBEDEZCA LAS ÓRDENES DE SU MAJESTAD IMPERIAL CORRERÁ LA MISMA SUERTE QUE ESTOS COBARDES.
¡LARGA VIDA AL REY NABUCODONOSOR Y TODOS LOS QUE LE SIRVEN FIELMENTE!
AHORA ATENDERÉ LA INSOLENCIA DE MI PROPIA CORTE.

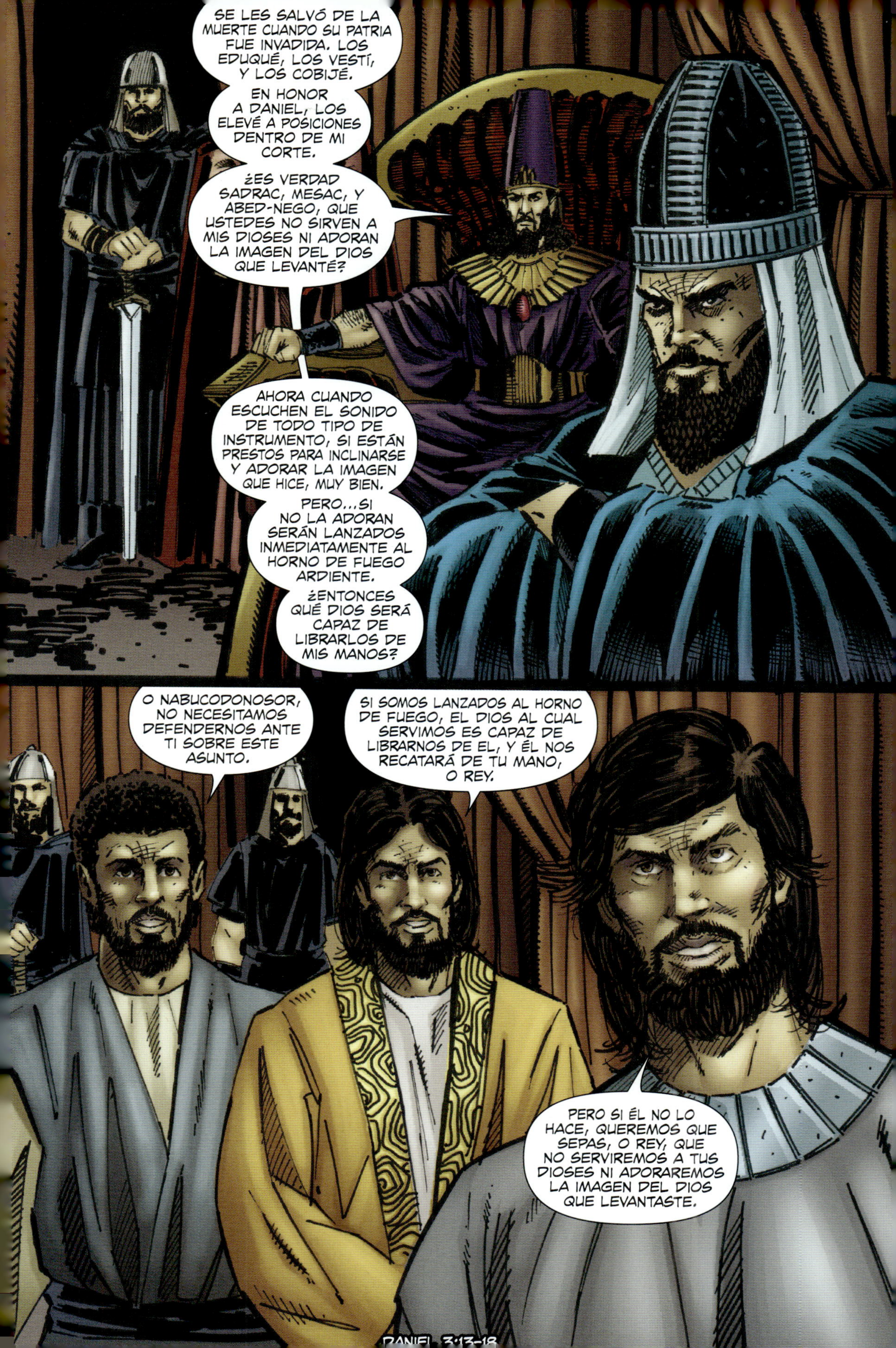

SE LES SALVÓ DE LA MUERTE CUANDO SU PATRIA FUE INVADIDA. LOS EDUQUÉ, LOS VESTÍ, Y LOS COBIJÉ.
EN HONOR A DANIEL, LOS ELEVÉ A POSICIONES DENTRO DE MI CORTE.
¿ES VERDAD SADRAC, MESAC, Y ABED-NEGO, QUE USTEDES NO SIRVEN A MIS DIOSES NI ADORAN LA IMAGEN DEL DIOS QUE LEVANTÉ?
AHORA CUANDO ESCUCHEN EL SONIDO DE TODO TIPO DE INSTRUMENTO, SI ESTÁN PRESTOS PARA INCLINARSE Y ADORAR LA IMAGEN QUE HICE, MUY BIEN.
PERO...SI NO LA ADORAN SERÁN LANZADOS INMEDIATAMENTE AL HORNO DE FUEGO ARDIENTE.
¿ENTONCES QUÉ DIOS SERÁ CAPAZ DE LIBRARLOS DE MIS MANOS?
O NABUCODONOSOR, NO NECESITAMOS DEFENDERNOS ANTE TI SOBRE ESTE ASUNTO.
SI SOMOS LANZADOS AL HORNO DE FUEGO, EL DIOS AL CUAL SERVIMOS ES CAPAZ DE LIBRARNOS DE EL, Y ÉL NOS RECATARÁ DE TU MANO, O REY.
PERO SI ÉL NO LO HACE, QUEREMOS QUE SEPAS, O REY, QUE NO SERVIREMOS A TUS DIOSES NI ADORAREMOS LA IMAGEN DEL DIOS QUE LEVANTASTE.
DANIEL · 3:13-18

¿ES ESA LA MANERA EN QUE USTEDES RETRIBUYEN MI BONDAD Y BENEVOLENCIA...CON DESLEALTAD?
SU DIOS NO SALVÓ A JERUSALÉN. ¡TAMPOCO LOS SALVARÁ A USTEDES!
EN LOS JARDINES COLGANTES.
ASEGÚRENSE DE QUE LOS OBREROS RECIBAN--
SUPIMOS QUE TUS AMIGOS HEBREOS SE NEGARON A INCLINARSE ANTE LA IMAGEN DEL REY.

¡MANINOCH! MI IRA ARDE SIETE VECES MÁS QUE CONTRA EL GENERAL SHAMMAZIR.
¡¡LLÉVENLOS AL GRAN HORNO DONDE MI IMAGEN FUE MOLDEADA!!
¡¡¡Y AVIVEN EL FUEGO SIETE VECES MÁS DE LO NORMAL!!!

BABILONIA VERÁ HOY LO QUE CUALQUIER SUJETO, SEA BABILONIO O EXTRANJERO SUFRE, POR IGNORAR MIS PALABRAS.
DANIEL 3:19

¡MANINOCH! QUE TUS HOMBRES Y GUIEN A LOS TRAIDORES A SU MUERTE.
AAAHHHH
¡YYAAAH
DANIEL 3:22

NO PODEMOS...
¿QUÉ...
DANIEL 3:22

¡¡¡YO MISMO LIDERARÉ ESTE ULTRAJE, MI REY!!!
EAAYYYHHH
¡YO TAMPOCO!
NO PUEDO CREER LO QUE VEO.
DANIEL 3:22-23

¿ACASO NO ERAN TRES HOMBRES QUE ENTRARON AL FUEGO?
¡SI, GRAN REY!
YIEEE- ¡EL CALOR!
¡MIREN! VEO CUATRO HOMBRES QUE ANDAN EN MEDIO DEL FUEGO, DESATADOS E ILESOS, Y EL CUARTO SE VE COMO UN HIJO DE LOS DIOSES!
DANIEL 3:24-25

¡ESTO NO PUEDE SER!
¡SADRAC, MESAC, Y ABED-NEGO, SIERVOS DEL DIOS ALTÍSIMO SALGAN! ¡VENGAN ACÁ!
¡Y NO ESTÁN MUERTOS!
¡EL FUEGO NO HIRIÓ A LOS JUDÍOS!
EL CABELLO DE SU CABEZA NO ESTÁ CHAMUSCADO, NI SUS ROPAS NO ESTÁN QUEMADAS...
NUNCA HE VISTO ALGO SEMEJANTE. ES LA OBRA DE LOS DIOSES.
DANIEL 3:27

¡ALABADO SEA EL DIOS DE SADRAC, MESAC ,Y ABED-NEGO, QUIEN ENVIÓ A SU ÁNGEL Y RESCATÓ A SUS SIERVOS!
ELLOS CONFIARON EN ÉL Y DESAFIARON LA ORDEN DEL REY. ESTUVIERON DISPUESTOS A DAR SU VIDA EN VEZ DE ADORAR A OTRO DIOS EXCEPTO EL SUYO.
A CAUSA DE LO QUE HEMOS VISTO CON NUESTROS OJOS, DECLARO QUE TODA PERSONA DE CUALQUIER NACIÓN O LENGUA QUE DIGA ALGO EN CONTRA DEL DIOS DE SADRAC, MESAC, Y ABED-NEGO SEA CORTADO EN PARTES Y SU CASA DERRIBADA, ¡PORQUE NINGÚN OTRO DIOS PUEDE SALVAR DE ESTA MANERA!
HOY ORDENO QUE ESTOS TRES HOMBRES, SADRAC, MESAC ,Y ABED-NEGO, SEAN PROMOVIDOS COMO LOS MÁS ALTOS GOBERNADORES DEL PAÍS.
DANIEL 3:30

TRES AÑOS MÁS TARDE.

ANANÍAS, AZARÍAS Y MISAEL...

NORMALMENTE UNA VISITA DE USTEDES ES UN GRAN GOZO.
PERO NO HOY, A JUZGAR POR LA MIRADA EN SUS ROSTROS.
ESTAMOS PREOCUPADOS, DANIEL. SE DEBE HACER ALGO.

ES EL REY DANIEL.
NO NOS DIGAS QUE NO LO HAS NOTADO.
LO VIMOS EN CIERTA MEDIDA CUANDO ÉRAMOS OFICIALES REGIONALES--

--PERO AHORA QUE ESTAMOS EN SU CORTE Y CON ÉL CADA DÍA, LO VEMOS MUCHO MÁS.

ATAQUES DE IRA, UNA MIRADA ALOCADA, DEPRESIÓN, BRUTALIDAD INIMAGINABLE.

ESTAMOS CONVENCIDOS DE QUE ESTÁ PERDIENDO LA RAZÓN.

"SE PONE PEOR Y PEOR. LA MENOR SOSPECHA DE DESLEALTAD PUEDE COSTAR UN PULGAR, O UN OJO."
"SALE FURIOSO DE LAS REUNIONES, Y ANDA POR LOS PASILLOS HABLANDO CONSIGO MISMO."
LOS OFICIALES ESTÁN ATERRADOS DE SUGERIR ALGO QUE CONTRADIGA CUALQUIERA DE SUS IDEAS.
"¡ENTERRÓ A DOS DE SUS GOBERNADORES PROVINCIALES VIVOS PARA QUE SE LOS COMIERAN LAS HORMIGAS!"

DANIEL, NO PERMITAS QUE TU LEALTAD Y TU AMISTAD CON EL REY TE CIEGUEN A SU PECADO.
YO NO DISCULPO SUS MUCHOS ERRORES. DE TODAS MANERAS, PODEMOS SER INSTRUMENTOS EN LAS MANOS DE DIOS PARA GUIAR AL REY AL CAMINO DE JUSTICIA.

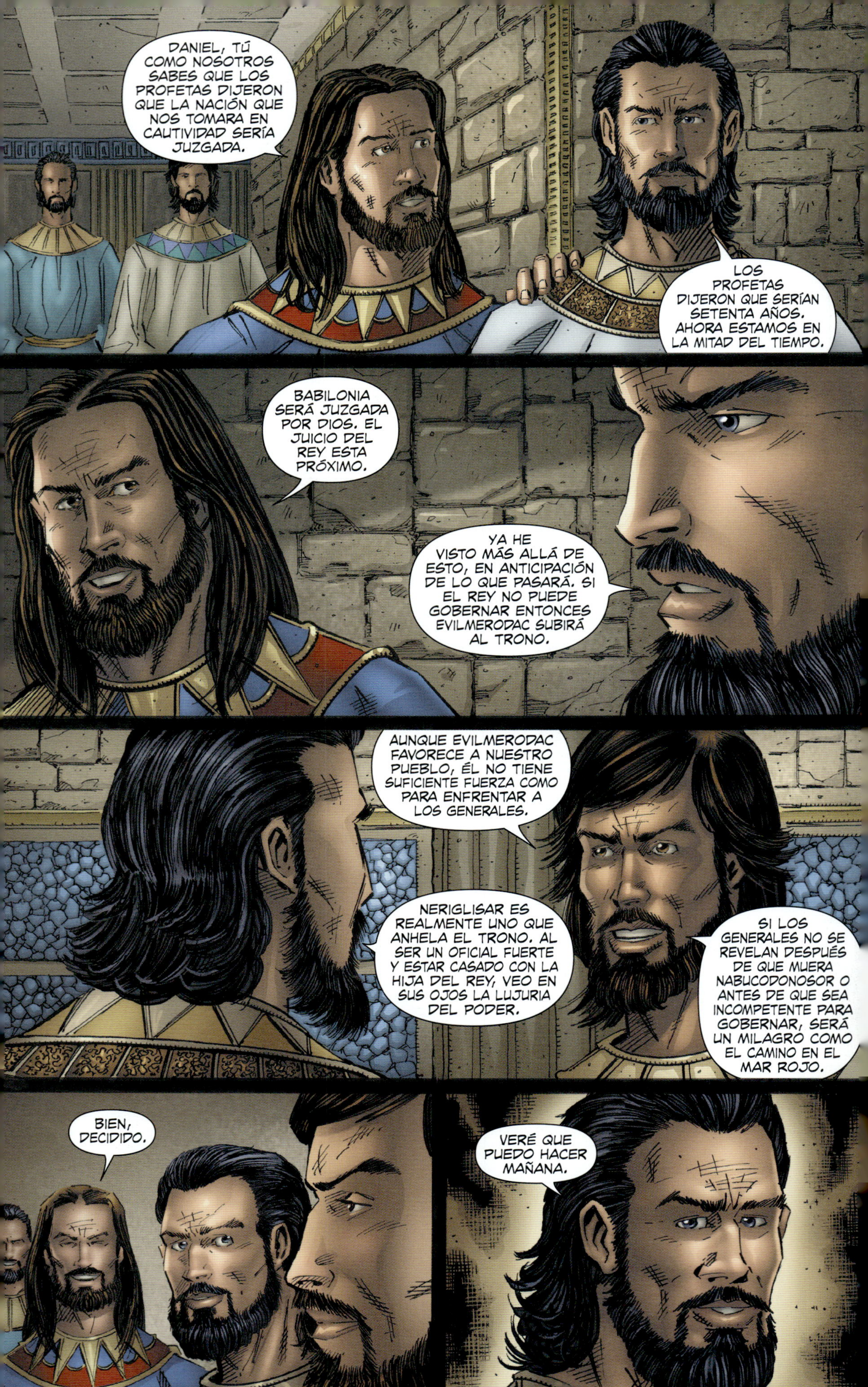

DANIEL, TÚ COMO NOSOTROS SABES QUE LOS PROFETAS DIJERON QUE LA NACIÓN QUE NOS TOMARA EN CAUTIVIDAD SERÍA JUZGADA.
LOS PROFETAS DIJERON QUE SERÍAN SETENTA AÑOS. AHORA ESTAMOS EN LA MITAD DEL TIEMPO.
BABILONIA SERÁ JUZGADA POR DIOS. EL JUICIO DEL REY ESTA PRÓXIMO.
YA HE VISTO MÁS ALLÁ DE ESTO, EN ANTICIPACIÓN DE LO QUE PASARÁ. SI EL REY NO PUEDE GOBERNAR ENTONCES EVILMERODAC SUBIRÁ AL TRONO.
AUNQUE EVILMERODAC FAVORECE A NUESTRO PUEBLO, ÉL NO TIENE SUFICIENTE FUERZA COMO PARA ENFRENTAR A LOS GENERALES.
NERIGLISAR ES REALMENTE UNO QUE ANHELA EL TRONO. AL SER UN OFICIAL FUERTE Y ESTAR CASADO CON LA HIJA DEL REY; VEO EN SUS OJOS LA LUJURIA DEL PODER.
SI LOS GENERALES NO SE REVELAN DESPUÉS DE QUE MUERA NABUCODONOSOR O ANTES DE QUE SEA INCOMPETENTE PARA GOBERNAR, SERÁ UN MILAGRO COMO EL CAMINO EN EL MAR ROJO.
BIEN, DECIDIDO.
VERÉ QUE PUEDO HACER MAÑANA.

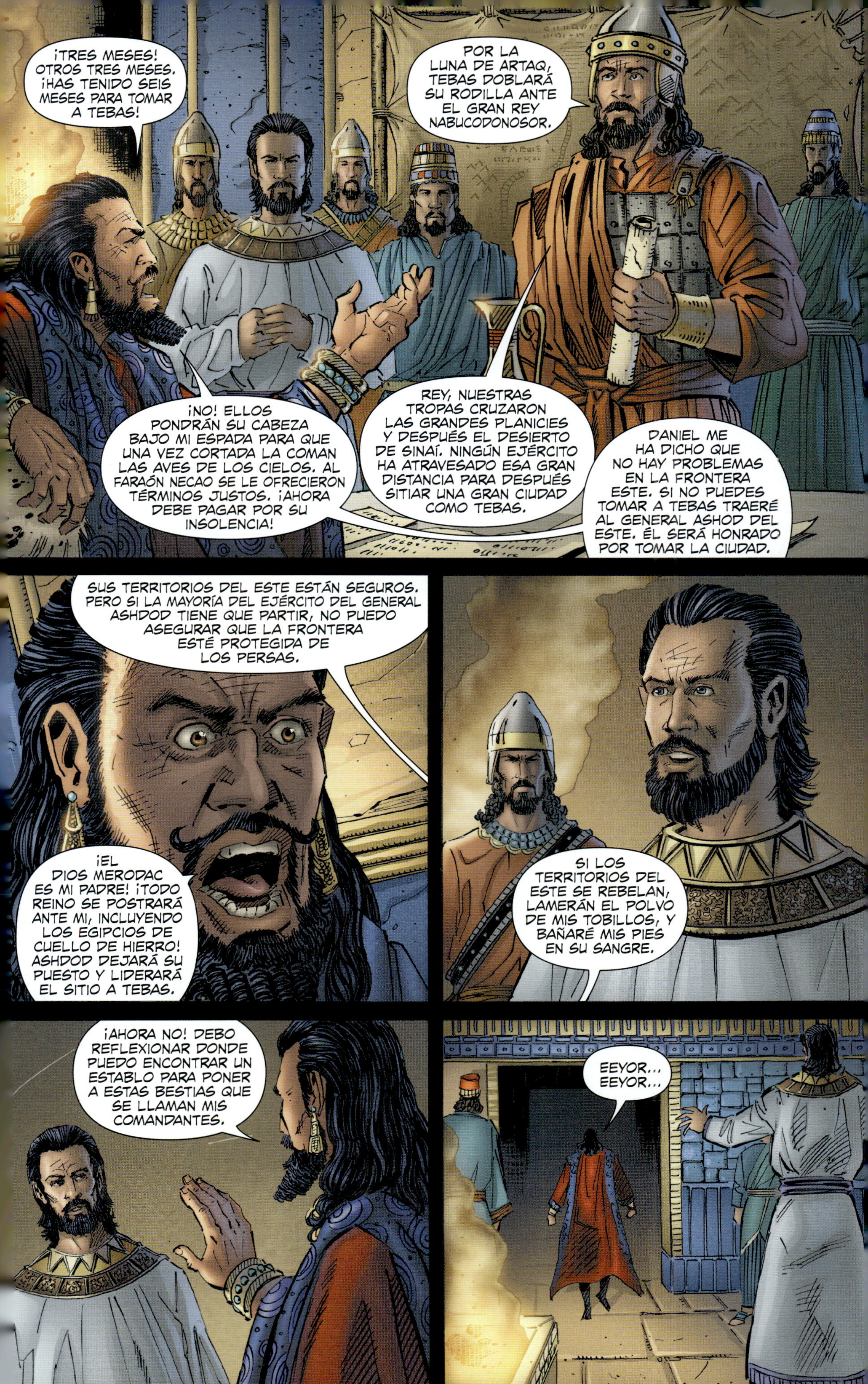

¡TRES MESES! OTROS TRES MESES. ¡HAS TENIDO SEIS MESES PARA TOMAR A TEBAS!
POR LA LUNA DE ARTAQ, TEBAS DOBLARÁ SU RODILLA ANTE EL GRAN REY NABUCODONOSOR.
¡NO! ELLOS PONDRÁN SU CABEZA BAJO MI ESPADA PARA QUE UNA VEZ CORTADA LA COMAN LAS AVES DE LOS CIELOS. AL FARAÓN NECAO SE LE OFRECIERON TÉRMINOS JUSTOS. ¡AHORA DEBE PAGAR POR SU INSOLENCIA!
REY, NUESTRAS TROPAS CRUZARON LAS GRANDES PLANICIES Y DESPUÉS EL DESIERTO DE SINAÍ. NINGÚN EJÉRCITO HA ATRAVESADO ESA GRAN DISTANCIA PARA DESPUÉS SITIAR UNA GRAN CIUDAD COMO TEBAS.
DANIEL ME HA DICHO QUE NO HAY PROBLEMAS EN LA FRONTERA ESTE. SI NO PUEDES TOMAR A TEBAS TRAERÉ AL GENERAL ASHOD DEL ESTE. ÉL SERÁ HONRADO POR TOMAR LA CIUDAD.
SUS TERRITORIOS DEL ESTE ESTÁN SEGUROS. PERO SI LA MAYORÍA DEL EJÉRCITO DEL GENERAL ASHDOD TIENE QUE PARTIR, NO PUEDO ASEGURAR QUE LA FRONTERA ESTÉ PROTEGIDA DE LOS PERSAS.
¡EL DIOS MERODAC ES MI PADRE! ¡TODO REINO SE POSTRARÁ ANTE MI, INCLUYENDO LOS EGIPCIOS DE CUELLO DE HIERRO! ASHDOD DEJARÁ SU PUESTO Y LIDERARÁ EL SITIO A TEBAS.
SI LOS TERRITORIOS DEL ESTE SE REBELAN, LAMERÁN EL POLVO DE MIS TOBILLOS, Y BAÑARÉ MIS PIES EN SU SANGRE.
¡AHORA NO! DEBO REFLEXIONAR DONDE PUEDO ENCONTRAR UN ESTABLO PARA PONER A ESTAS BESTIAS QUE SE LLAMAN MIS COMANDANTES.
EEYOR... EEYOR...

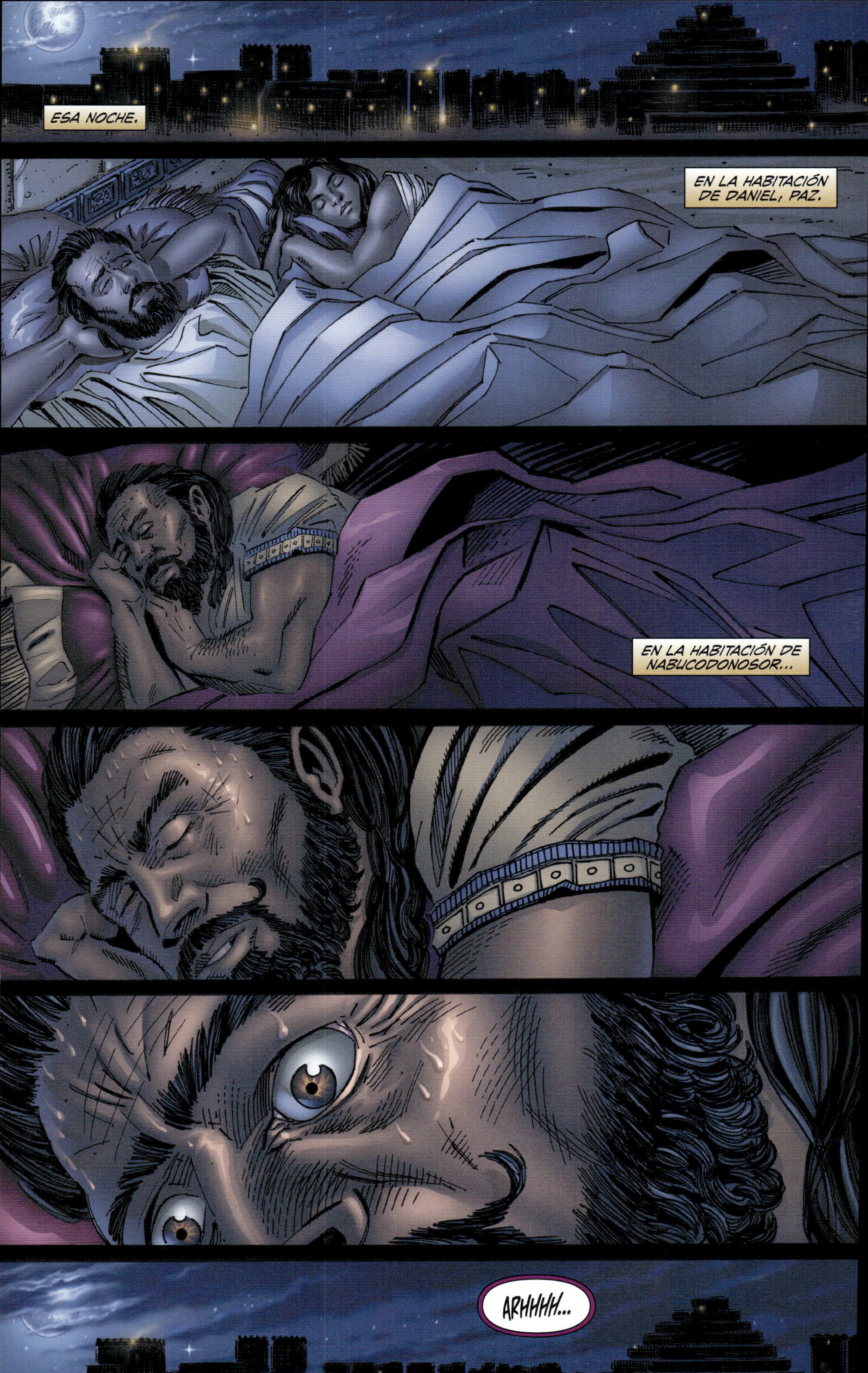

ESA NOCHE.
EN LA HABITACIÓN DE DANIEL, PAZ.
EN LA HABITACIÓN DE NABUCODONOSOR...
ARHHHH...

TODOS SÍGANME A LA MURALLA DEL REY.
ESTO NO HUELE BIEN.
NINGUNO DE MIS MAGOS, ENCANTADORES, ASTRÓLOGOS, O ADIVINOS PUDO RESPONDER A MI SUEÑO. PERO DANIEL, EL ESPÍRITU DE LOS DIOSES SANTOS ESTÁ EN TI. NINGÚN MISTERIO ES DIFÍCIL PARA TI. EXPLÍCAME MI SUEÑO.
AYER, CUANDO ANDABA POR ESTA MURALLA VI LA GLORIA DE MI REINO. YO ESTABA CONTENTO Y PRÓSPERO. PERO ANOCHE, VISIONES E IMÁGENES PASARON POR MI MENTE, Y ME ATERRARON.

DIME TU SUEÑO.
MIRÉ, Y DELANTE DE MÍ HABÍA UN ÁRBOL EN MEDIO DE LA TIERRA.
SU ALTURA ERA ENORME. EL ÁRBOL CRECIÓ GRANDE Y FUERTE Y SU COPA TOCABA EL CIELO--
"SE VEÍA HASTA LOS CONFINES DE LA TIERRA. SUS HOJAS ERAN ABUNDANTES Y TENÍA ALIMENTO PARA TODOS."
"BAJO ÉL LAS BESTIAS DEL CAMPO ENCONTRARON REFUGIO, Y LAS AVES DEL AIRE HABITARON EN SUS RAMAS; TODA CRIATURA RECIBIÓ SUSTENTO DE ÉL."
DANIEL 4:1-12

"EN LAS VISIONES QUE VI MIENTRAS ESTABA EN MI CAMA, MIRÉ, Y HABÍA FRENTE A MI UN MENSAJERO, SANTO, QUE BAJÓ DE LOS CIELOS."
"EL DIJO CON UNA GRAN VOZ:"
"'¡DERRIBEN EL ÁRBOL Y CORTEN SUS RAMAS!'"
"PERO DEJEN EL TRONCO Y SUS RAÍCES, ATADOS CON HIERRO Y BRONCE, QUE PERMANEZCAN EN EL SUELO, EN LA HIERBA DEL CAMPO."
"'¡QUÍTENLE EL FOLLAJE Y ESPARZAN SU FRUTO! QUE LOS ANIMALES HUYAN DE DEBAJO DE ÉL Y LAS AVES DE SUS RAMAS!'"
"'QUE SEA MOJADO CON EL ROCÍO DEL CIELO, Y QUE HABITE CON LOS ANIMALES ENTRE LAS PLANTAS DE LA TIERRA."
"'QUE SU MENTE DE HOMBRE SEA CAMBIADA Y SE LE DÉ MENTE DE ANIMAL, HASTA QUE SIETE TIEMPOS PASEN SOBRE ÉL.'"
DANIEL 4:13-16

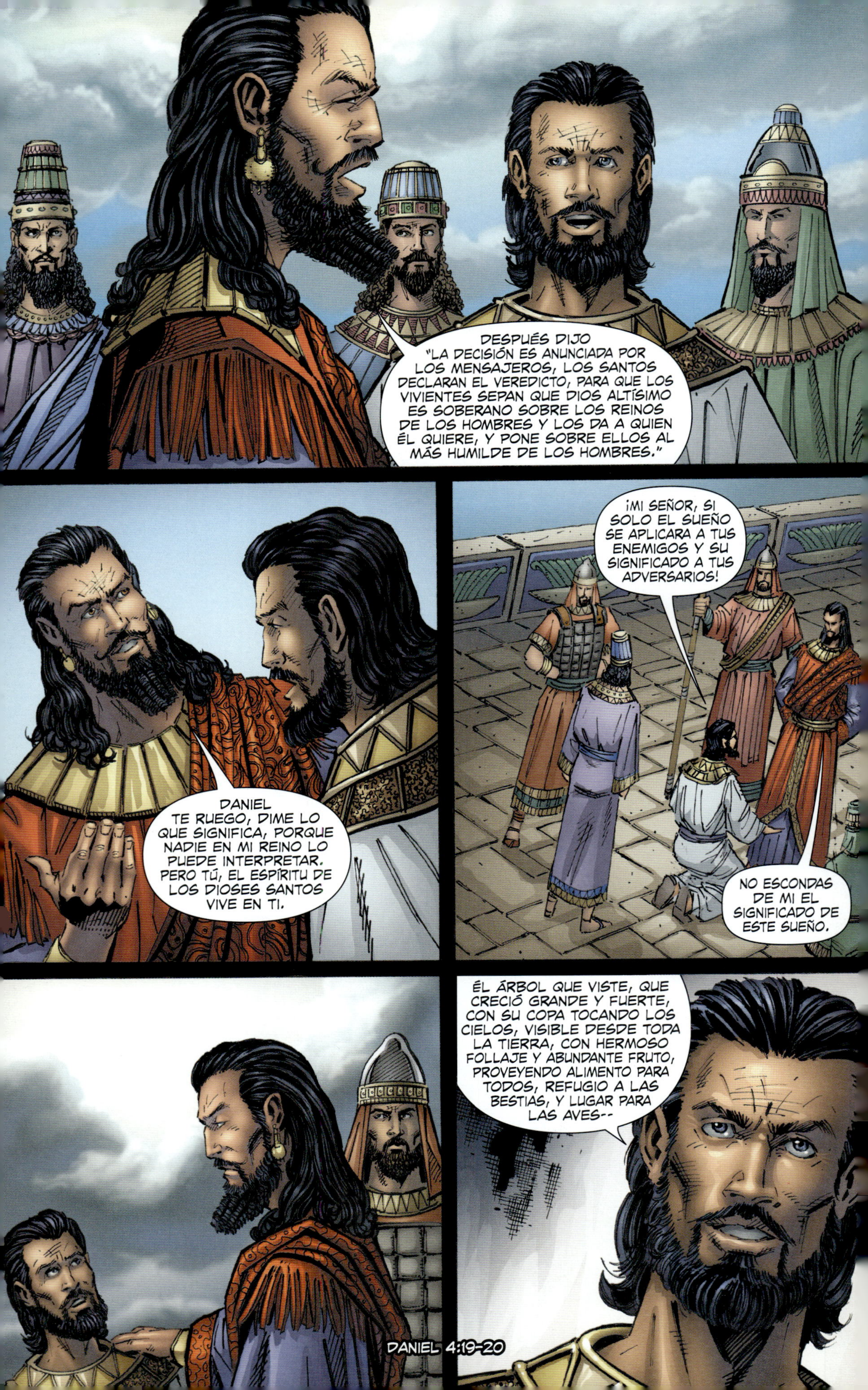

DANIEL 4:19-20

¡TÚ, O REY, ERES ESE ÁRBOL!
¡EL ALTÍSIMO HA PUBLICADO ESTE DECRETO CONTRA MI SEÑOR EL REY!
SERÁS SACADO DE ENTRE LA GENTE Y VIVIRÁS ENTRE LOS ANIMALES SALVAJES; COMERÁS PASTO COMO EL GANADO Y TE MOJARÁS CON EL ROCÍO DEL CIELO.

TE HAS HECHO GRANDE Y FUERTE; TU GRANDEZA CRECIÓ HASTA ALCANZAR LOS CIELOS, Y TU DOMINIO SE EXTIENDE A PARTES DISTANTES DE LA TIERRA.
SIETE TIEMPOS PASARÁN POR TI HASTA QUE RECONOZCAS QUE EL ALTÍSIMO ES SOBERANO SOBRE LOS REINOS DE LOS HOMBRES Y SE LOS DA A QUIEN ÉL QUIERE.

EL MANDAMIENTO DE DEJAR EL TRONCO Y LAS RAÍCES DEL ÁRBOL SIGNIFICA QUE TU REINO TE SERÁ RESTAURADO CUANDO RECONOZCAS QUE LOS CIELOS GOBIERNAN.
O REY, POR FAVOR, ESCUCHA MI CONSEJO: RENUNCIA A TUS PECADOS HACIENDO LO QUE ES CORRECTO, Y A TU MALDAD SIENDO AMABLE CON EL OPRIMIDO, PARA QUE TU PROSPERIDAD CONTINÚE.
DANIEL 4:20-27

ME RECUERDAS A UNO DE LOS LOCOS PROFETAS DEL DESIERTO, NO AL MÁS SABIO DE MIS OFICIALES.
DANIEL, ESTO MARCA LA ÚNICA VEZ QUE ME HAS DECEPCIONADO.
¿NO ES ESTA LA GRAN BABILONIA QUE CONSTRUÍ COMO RESIDENCIA REAL, CON MI GRAN PODER PARA LA GLORIA DE MI MAJESTAD?
...¡AHHHH!
¡RÁPIDO, LLAMEN A LOS MÉDICOS DEL REY!
DANIEL 4:28-30

MÁS TARDE.
¡DÍGANME CÓMO ESTÁ MI PADRE!

NO HAY CAMBIO, PRÍNCIPE EVILMERODAC.
LA CONDICIÓN MENTAL DE TU PADRE PARECE IRREVERSIBLE. TIENE EL ASPECTO DE UN ANIMAL SALVAJE.

"NO QUIERE SENTARSE A LA MESA, PREFIERE ESTAR CON EL GANADO, INCLUSO COME PASTO."

"DUERME AFUERA Y EN LA MAÑANA ESTÁ CUBIERTO DE ROCÍO."

"LOS ASTRÓLOGOS DICEN QUE LAS ESTRELLAS MUESTRAN ENFERMEDAD Y MAL PRESAGIO PARA EL REY. SU ESTRELLA CAYÓ EN EL CIELO OCCIDENTAL, PARA NUNCA MÁS LEVANTARSE."

DANIEL 4:33

YO TAMBIÉN ESTABA IMPACTADO POR EL EXTRAÑO COMPORTAMIENTO DE MI PADRE, PERO HE NOTADO SU CAMBIO MENTAL EN ESTOS ÚLTIMOS MESES.

PERO, ÉL ME PREPARÓ PARA EL DÍA EN QUE ME CONVERTIRÍA EN REY.

PERMITAN A MI PADRE ANDE ENTRE EL GANADO REAL.
NO PERMITAN QUE ABANDONE LOS TERRENOS DEL PALACIO, NO SEA QUE LA GENTE COMÚN HAGA BURLA DE ÉL...
DENLE ABUNDANTE AGUA Y COMIDA. ÉL NECESITARÁ COMER.

COMO SERVIMOS A TU PADRE, TE SERVIREMOS.
AHORA LA BESTIA VIVE ENTRE LAS BESTIAS.

AUN ENTRE LOS EXILIADOS QUE ENLOQUECIERON DE DOLOR DESPUÉS DE LA CAÍDA DE JERUSALÉN, NUNCA VI TANTA LOCURA.
DIOS JUZGÓ AL REY POR SU ARROGANCIA Y SU CRUELDAD.

O GRAN FAVORECIDO DANIEL, ¿FINALMENTE ESTÁS DE ACUERDO QUE EL JUICIO DE DIOS CAYÓ SOBRE EL REY? PORQUE DIOS DE SEGURO LO VOLVIÓ UNA BESTIA.
YO SÉ QUE ÉSTE ES EL JUICIO DE DIOS CONTRA NABUCODONOSOR. YO SUPE DESDE QUE DIOS ME DIO LA INTERPRETACIÓN QUE SU TIEMPO ERA CORTO A MENOS QUE SE ARREPINTIERA.
NUNCA VI A NADIE ESTAR TAN COMPLETAMENTE LOCO.
DANIEL 4:33

¡MI HERMANO, REGRESA!

EL JUICIO DE DIOS CONTRA BABILONIA Y CONTRA EL REY ES SEGURO.
EL JUICIO ES SEGURO EN CONTRA DE TODO EL QUE NIEGUE RECONOCER AL ALTÍSIMO.
AUN ASÍ, ME DUELE VER A CUALQUIER HOMBRE, INCLUSO EL QUE DESTRUYÓ NUESTRA CIUDAD, PERDER EL JUICIO Y COMPORTARSE COMO UN ANIMAL.
¡CREO QUE NO ENCONTRARÁS A DOS JUDÍOS EN TODA BABILONIA QUE ESTÉN DE ACUERDO CONTIGO!
ALGO ME DICE QUE TODAVÍA HAY UN PROPÓSITO...AÚN EN ESTO.
¿HAS SIDO CONVOCADO AL MENOS EN LOS ÚLTIMOS SEIS MESES?
VINO POR AQUÍ TETMACH, EL SUPERVISOR DE SUMINISTRO DE ALIMENTO DEL REY BAJO NABUCODONOSOR.
¿Y?
VEO UNA DISPUTA ENTRE EVILMERODAC Y LOS GENERALES, TODOS LOS QUE SERVÍAN BAJO NABUCODONOSOR.
ÉL NO TIENE LA FORTALEZA DE HIERRO DE SU PADRE, ÉL NO PODRÁ RESISTIR A LOS GENERALES
TAL VEZ ES MEJOR QUE EL REY ESTE DEMENTE, Y NO VEA LO QUE LE SUCEDE A SU REINO.

SIETE AÑOS DESPUÉS.

DA... NNN...¡EL ESTABA EN LO CIERTO.

TU DOMINIO ES UN DOMINIO ETERNO. SOLO TU REINO PERDURA DE GENERACIÓN EN GENERACIÓN.

TODOS LO PUEBLOS DE LA TIERRA SON NADA ANTE TI. HACES TU VOLUNTAD CON LOS PODERES DEL CIELO Y LA GENTE EN LA TIERRA. AUN QUITAS A REYES LOCOS Y SANGINARIOS.

NADIE EN LA TIERRA...INCLUYENDO LOS REYES EBRIOS DE PODER PUEDEN DETENER TU MANO... O DECIRTE...

¿QUÉ HAS HECHO?

DANIEL 4:34

¡HOLA, MIS CONSEJEROS!
¿QUÉ, NINGUNA PALABRA DE SALUDO PARA DAR LA BIENVENIDA...
...A SU REY?
ESCUCHEN MI CORTE... Y TODA BABILONIA.
POR PALABRA Y HECHOS DANIEL ME MOSTRÓ LA GRANDEZA DE ESTE DIOS VIVIENTE.
CUANDO LO RECONOCÍ, RECOBRÉ MI CORDURA, Y AHORA TODO MI HONOR Y ESPLENDOR ME FUE DEVUELTO.
AHORA YO, NABUCODONOSOR, ALABO Y EXALTO AL REY DE LOS CIELOS, TODO LO QUE ÉL HACE ES RECTO Y TODOS SUS CAMINOS SON JUSTOS.
Y A AQUELLOS QUE ANDAN EN ORGULLO, ÉL LOS HUMILLA.
TU DIOS ES EL GRAN DIOS. HONRARÉ TUS COSTUMBRES Y RESTAURARÉ TU ALABANZA.
YO, POR LO TANTO, DECRETO QUE LOS OBREROS JUDÍOS NO TIENEN QUE TRABAJAR EN EL SÉPTIMO DÍA, EL CUAL ES SU DÍA DE REPOSO. ELLOS TOMARÁN ESE DÍA PARA ADORAR A SU DIOS E INSTRUIR A SU FAMILIA EN LOS CAMINOS DE ESTE SEÑOR.
ÉL ME HIZO A MÍ Y A BABILONIA MÁS GRANDE QUE NUNCA ANTES. LO MENOS QUE PUEDO HACER ES HONRAR AL DIOS DE DANIEL DE ESTA MANERA.
DANIEL 4:34-37

OCHO AÑOS DESPUÉS.
DANIEL... TU PROBASTE SER MÁS FIEL QUE TODOS MIS CONSEJEROS, AUN MÁS QUE MI PROPIA FAMILIA.
YO SIGO EL CAMINO DE TODA LA TIERRA, PERO DEJO UN VASTO REINO QUE REQUERIRÁ HOMBRES SABIOS COMO TÚ QUE LO GOBIERNEN.
MI HIJO... TE DEJO EL MAYOR DE MIS REGALOS.
SI, MI PADRE.
UN GOBERNANTE SABIO QUE TE AYUDE A DIRIGIR SABIAMENTE A MI PUEBLO, EL GRAN PUEBLO DE BABILONIA.
YO... VOY A...

DIEZ AÑOS MÁS TARDE.
DESPUÉS DE DOS ASESINATOS IMPERIALES, NABÓNIDO, YERNO DEL REY, ASCENDIÓ AL TRONO.
EL REY ENVIÓ POR MI.
HOY SALGO DE LA CAPITAL PARA VISITAR EL PALACIO DE VERANO Y EL TEMPLO DE HAMAT. QUIERO PASAR MÁS TIEMPO EN MEDITACIÓN Y ESTUDIAR HISTORIA. ENCUENTRO LAS PLANICIES DE TERA MÁS A MI GUSTO QUE LIDIAR CON EL DOLOR DIARIO DE GOBERNAR ESTA CAPITAL.
MI HIJO BELSASAR GOBERNARÁ EN MI LUGAR MIENTRAS ESTOY FUERA. TENEMOS A NUESTROS PROPIOS CONSEJEROS PARA SERVIRNOS AHORA AQUÍ EN BABILONIA.
DE TODAS MANERAS, EN HONOR POR LOS SERVICIOS A LOS REYES DE BABILONIA SE TE PROVEERÁ.
NO HE CARECIDO DE NADA.
NABUCODONOSOR, MILITAR CAPAZ CONQUISTADOR COMO ERA, FUE UN NECIO AL PENSAR QUE ÉL PODÍA FORTALECER NUESTRO REINO ABSORBIENDO A OTROS PUEBLOS Y CULTURAS.
ÉL FUE AUN MÁS NECIO AL DEJAR DE ADORAR A NUESTROS DIOSES BABILÓNICOS.
TU CAPITAL JUDÍA CAYÓ PORQUE TU GENTE ERA INFERIOR A LA NUESTRA, NUESTROS EJÉRCITOS MÁS FUERTES QUE LOS TUYOS, Y NUESTRO DIOS MERODAC SUPERIOR A TU DIOS HEBREO.
FUE UNA NECEDAD DE PARTE DE NABUCODONOSOR PENSAR QUE PODÍA DEBILITAR A LOS PUEBLOS Y FORTALECER A BABILONIA.
ESTÁ ES UNA RAZÓN DE QUE EGIPCIOS, ELAMITAS, HEBREOS, MEDOS, Y ASIRIOS PAGUEN UN TRIBUTO ANUAL. BABILONIA ES LA MAYOR NACIÓN EN LA FAZ DE LA TIERRA.
TU LEALTAD A NABUCODONOSOR FUE ADMIRABLE, PERO YO DECIDÍ QUE LOS JUDÍOS NO ACONSEJARÁN A LOS BABILONIOS.

NO MUCHO DESPUÉS QUE BELSASAR FE PUESTO EN EL TRONO...
¿QUÉ ES ESTO?
LAS FUERZAS PERSAS ESTÁN MÁS AL SUR DE LO QUE PENSÁBAMOS.
EL REY DEBIÓ ESCUCHAR A DANIEL Y A LOS GENERALES AÑOS ATRÁS. LOS MERCENARIOS NUNCA COMBATIRÁN PARA PROTEGER A BABILONIA COMO SI FUERA DE ELLOS.
ENVÍA UN MENSAJERO A LA CAPITAL. DILE AL REY LO QUE HEMOS VISTO Y DONDE ESTÁN LOS PERSAS.
MARCHAREMOS ESTA NOCHE A LA CAPITAL. ESPERAMOS LLEGAR ANTES DE QUE SEA DEMASIADO TARDE.

EN BABILONIA, BELSASAR OFRECE UNA GRAN FIESTA PARA SUS COMANDANTES Y OFICIALES.
ES UNA CELEBRACIÓN DESENFRENADA.

OFICIALMENTE, SE HABÍAN REUNIDO PARA TRAMAR LOS SIGUIENTES PASOS POLÍTICOS Y MILITARES DE BABILONIA.

PERO LAS FESTIVIDADES NO SE INTERRUMPIERON PARA TRATAS ASUNTOS DE ESTADO.

HAY OTROS ASUNTOS, MÁS "IMPORTANTES" QUE ATENDER.
¡¡MÁS VINO!!
TRAIGAN LOS BARRILES SI ES NECESARIO. ¡¡¡ESTA NOCHE SERÁ LA FIESTA MÁS GRANDIOSA, COMO CORRESPONDE AL MÁS GRANDE DE LOS REINOS!!!

¡BORRACHO HOLGAZÁN!

LO CONFIRMAMOS SEÑOR, ¡ESTOS MENSAJEROS TRAÍAN NOTICIAS DE NUESTRA PROXIMIDAD!

¿NOTICIAS DE NUESTRA PROXIMIDAD?
¡ESTAMOS A LAS PUERTAS!
¡ESTO SERÁ MUCHO MÁS FÁCIL DE LO QUE PENSAMOS!

DANIEL 5:1-2

¡CONTINÚEN CAVANDO! ¡ESTAMOS POR TERMINAR!

LOS ESPÍAS HAN REGRESADO. TODOS LOS GRANDES OFICIALES Y GENERALES ESTÁN EN UNA GRAN FIESTA QUE OFRECIÓ BELSASAR.
CADA HOMBRE TOME SU POSICIÓN.

ESTA NOCHE DRENAREMOS EL RIO.
Y ENTRAREMOS JUSTO A...

LOS JARDINES DE BABILONIA, ESOS POR LOS QUE NABUCODONOSOR QUERÍA SER RECORDADO, SERÁN LA RUINA DE SU REINO.
LA ENTRADA PERFECTA A LA CIUDAD...Y EL ÚLTIMO TRIBUTO QUE PAGAREMOS.

¡POR QUÉ NO BEBE, BELLA SEÑORA!

¡ALGUIEN ROMPIÓ MI CÁLIZ!
NO TENGO EN QUE BEBER.

¡MÁS VINO!
¡¡SIERVO!! ¡MI HERMOSURA NECESITA ALGO EN LO CUAL BEBER!

¡SÍ, SU MAJESTAD!
LOS INVITADOS SON MUCHOS. ES DIFÍCIL MANTENER LAS COPAS LLENAS...
¡ENCUENTRA MÁS O TE QUITO LA CABEZA!

¡AH! ¡ESPERA!, UNA CELEBRACIÓN REAL Y UNA VERDADERA INDIGNACIÓN.
CUANDO INVADIÓ A LOS JUDÍOS, MI ABUELO GUARDÓ LOS UTENSILIOS RELIGIOSOS EN EL TEMPLO.
¡TRÁIGANLOS AHORA MISMO!

PERO LOS GUARDÓ SU ABUELO... ESTÁN DEDICADOS AL DIOS DE LOS HEBREOS.
EXACTAMENTE.

DANIEL 5:1-4

DENTRO DE POCO, NUESTROS INGENIEROS DICEN QUE PODREMOS TUMBAR EL MURO Y DESVIAR EL RIO.
BIEN, ESE SIMIO BABILÓNICO NUNCA SABRÁ QUÉ LO GOLPEÓ.
¿DEBO LLAMAR AL RESTO DE LAS TROPAS QUE ESTÁN EN LAS PLANICIES?
LLÁMENLOS, Y DIGAN A LOS COMANDANTES QUE COMEREMOS DE LA MESA DEL REY EN LA MAÑANA.
¿POR QUÉ NO NOS DISTE ANTES ESTOS CÁLIZ DE ORO, BELSASAR?
¡AH, MI QUERIDO AMIGO, QUISE GUARDAR LO MEJOR PARA EL FINAL!
¡MIS INVITADOS!
POR LA HUMILLACIÓN FINAL DE LOS JUDÍOS.
TOMAMOS SU CAPITAL, TOMAMOS A SUS HIJOS.
¡TOMAMOS A SUS MUJERES!
¡AHORA, TOMAMOS SUS VASIJAS RELIGIOSAS PARA NUESTRA DIVERSIÓN!
DANIEL 5:1-4

POR BABILONIA Y NUESTRO DOMINIO DE TODOS LOS PUEBLOS DEA LA TIERRA.
A BEL-MERODAC, EL DIOS CAMPEÓN DE LAS FORTALEZAS. A NERGAL, QUIEN NOS GUIÓ A LA CORRUPCIÓN CON TODAS ESTAS HERMOSAS MUJERES.
¡Y SOBRE TODO A MARDUK, EL DIOS QUE NOS PROVEYÓ DE TODO ESTE GLORIOSO VINO!
TODO ESTÁ LISTO. LAS TROPAS ESTÁN AQUÍ.
¡¡DESVÍEN EL RIO!!
¡AHORA! ¡SE HA DADO LA ORDEN!
DANIEL 5:1-4

LA LLAVE A LA CIUDAD.
TODO TIENE UNA DEBILIDAD.
AUN BABILONIA.
¡ESPECIALMENTE BABILONIA!
AHORA, RÁPIDO DEN LA ORDEN.
MARCHAMOS A BABILONIA, BAJO SUS MISMAS ENROJECIDAS Y BORRACHAS NARICES...
¿¿¡¡PERO QUÉ...
EEAAAYYYHHH!!
¡LÍBRANOS!
MENE MEN
DANIEL 5:5

MENE MENE TEKEL
¿QUÉ MAGIA ES ESTÁ?

MENE MENE TEKEL UPHARSIN
REÚNE A MIS SABIOS- ¡RÁPIDO!
¡SI M SEÑOR!

HEMOS ESTUDIADO LAS PALABRAS, MI SEÑOR... ¡NO ENTENDEMOS ESAS PALABRAS! ¡ESTAS NO SON PALABRAS DE HOMBRE!

¡ESO LO SÉ TONTO! ¡POR QUÉ CREES QUE LOS LLAMÉ! ¡AHORA DÍGANME EL SIGNIFICADO DEL MENSAJE!
REY BELSASAR, SI LLENASE ESTA HABITACIÓN CON ORO Y PLATA COMO RECOMPENSA, AUN NADIE PODRÍA DECIRLE. ESTA ES LA MANO DE DIOS.

¡¡YO LES DOY ORO Y PLATA PARA ESTUDIAR SUS DOCUMENTOS MALDITOS Y SUS ESTÚPIDAS ESTRELLAS!!
¿Y TODO LO QUE PUEDEN DECIR ES "NO ENTIENDO"?
UNO SÍ PUEDE DECIRLE...

¡REINA MADRE!¡ ¡MIRA!!
LA MANO DE LOS DIOSES ESCRIBIÓ EN LA PARED, PERO LOS ENCANTADORES, SABIOS, ASTRÓLOGOS NO PUEDEN INTERPRETAR EL SIGNIFICADO DE LAS PALABRAS.
MI HIJO, O REY, VIVE POR SIEMPRE. ¡NO TE ALARMES! ¡NO PALIDEZCAS!
HAY UN HOMBRE EN TU REINO QUE TIENE EL ESPÍRITU DE LOS DIOSES SANTOS EN ÉL.
EN EL TIEMPO DE TU PADRE Y ABUELO SE SUPO QUE TENÍA INTELIGENCIA Y SABIDURÍA COMO LA DE LOS DIOSES.
ÉL INTERPRETÓ SUEÑOS, EXPLICÓ ACERTIJOS, Y RESOLVIÓ PROBLEMAS DIFÍCILES.
NABUCODONOSOR LO DESIGNÓ JEFE DE LOS SABIOS.
NABÓNIDO, LO DESTITUYÓ DE SU SERVICIO.
PERO LLAMA A DANIEL, Y ÉL TE DIRÁ LO QUE SIGNIFICA LA ESCRITURA.
¡EXIJO QUE VENGA! TRÁIGANLO AQUÍ... ...DONDE QUIERA QUE ESTE.
DANIEL 5:10-12

MÁS TARDE.
¿ERES TU DANIEL, UNO DE LOS EXILIADOS QUE MI ABUELO TRAJO DE JUDÁ?
YO SOY.
ESCUCHÉ QUE EL ESPÍRITU DE LOS DIOSES ESTÁ EN TI Y QUE TIENES CONOCIMIENTO, INTELIGENCIA, Y EXTRAORDINARIA SABIDURÍA.
¡LA VERDADERA SABIDURÍA VIENE DE DIOS!
¡NO ME INTERESA DE DONDE VIENE LA SABIDURÍA!
NINGUNO DE LOS SABIOS NI LOS ENCANTADORES PUDO LEER ESTA ESCRITURA.
PERO ESCUCHÉ QUE ERES CAPAZ DE DAR INTERPRETACIONES Y RESOLVER ALGUNOS PROBLEMAS DIFÍCILES.
DANIEL 5:13-16

SI PUEDES LEER Y DECIRME LO QUE SIGNIFICA ESTO--
--¡SERÁS VESTIDO DE PÚRPURA Y SE TE PONDRÁ UNA CADENA DE ORO EN TU CUELLO!
¡SERÁS EL TERCERO EN EL REINO!
PUEDES QUEDARTE CON TUS REGALOS Y DAR TUS RECOMPENSAS A ALGUIEN MÁS.
SIN EMBARGO, LEERÉ LA ESCRITURA PARA EL REY Y LE DIRÉ SU SIGNIFICADO.
O REY, EL DIOS ALTÍSIMO LE DIO A TU PADRE NABUCODONOSOR SOBERANÍA, GRANDEZA, GLORIA Y PODER.
DEBIDO A LA GRAN POSICIÓN QUE LE DIO, TODOS LOS PUEBLOS Y NACIONES Y HOMBRES DE TODO IDIOMA LE TEMIERON.
A LOS QUE EL REY QUERÍA MATAR, MATABA. A LOS QUE QUERÍA SALVAR, SALVABA.
A LOS QUE QUERÍA PROMOVER, PROMOVÍA. Y A LOS QUE QUERÍA HUMILLAR, HUMILLABA.
ESTE ES EL SIGNIFICADO DE LAS PALABRAS...
DANIEL 5:17-19

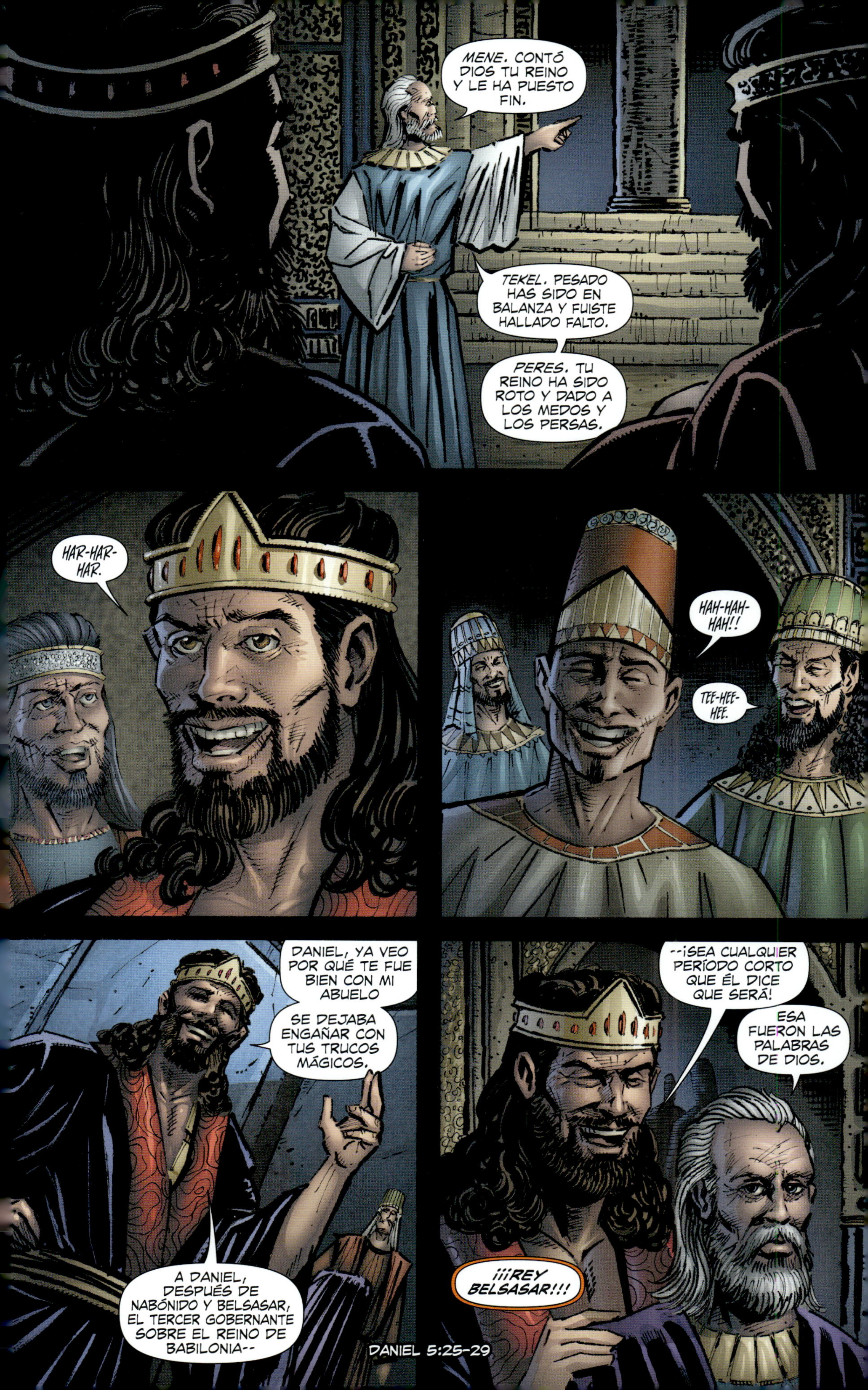

DANIEL 5:25–29

¡LOS SOLDADOS PERSAS HAN TRASPASADO LAS MURALLAS DEL JARDÍN DEL SOL!
¿ES ESTO CIERTO?
¡NO PUEDE SER!
¡SALGAN DE MI CAMINO!
NO...
¡Y YA VIENEN AL PALACIO!
NO ES POSIBLE...
¿QUÉ HE HECHO? "ESAS ERAN LAS PALABRAS DE DIOS..."
DANIEL 5:30

¿DANIEL, VIEJO AMIGO, QUÉ HAY CON NOSOTROS AHORA QUE LOS PERSAS GOBIERNAN A BABILONIA?
¿QUIÉN SABE MISAEL? LOS REINOS SE LEVANTAN Y CAEN. UN GOBERNANTE REMPLAZA A OTRO.
SOLO DIOS PERMANECE CONSTANTE.
EXACTAMENTE.
TODOS LOS OFICIALES MILITARES SERÁN EJECUTADOS.
ASÍ COMO LOS OFICIALES DE LA CORTE TANTO DE NABÓNIDO COMO DE BELSASAR--
YO SOY AL QUE BUSCAN.
¡ATENCIÓN! BUSCAMOS A DANIEL, EL JUDÍO, QUE ACONSEJÓ AL REY DE BABILONIA!
DEBES COMPARECER ANTE EL REY DARÍO, CONQUISTADOR DE BABILONIA.
LEALTAD ES LO QUE NECESITARÉ EN UN NUEVO GOBIERNO. LAMENTABLEMENTE, USTEDES NO SABEN LO QUE ES. ¡NO ME PUEDO ARRIESGAR A TENER CONSEJEROS EN LOS QUE NO PUEDO CONFIAR!
QUE TUS FINAS ROPAS TE SIRVAN BIEN MIENTRAS CAVAS PARA MI EN LAS MINAS DE SAL DE BAKARA.
PERO SERVIREMOS...
¡¡¡SAQUENLOS DE AQUÍ!!!
DANIEL 5:31

¡LE HEMOS TRAÍDO A DANIEL SEÑOR!
AH SI. ¡EL FAMOSO JUDÍO!
MIS ESPÍAS CONSTANTEMENTE MANDABAN INFORMES DE TU CONSEJO A LOS REYES DE BABILONIA. MAL HECHO QUE NABÓNIDO Y BELSASAR ESCOGIERAN NO ESCUCHARTE.
PERO YO HARÉ ALGO MEJOR. LA LEALTAD ES IMPORTANTE PARA MÍ Y TÚ HAS PROBADO TU LEALTAD.
--TE HACEN ALGUIEN EN QUIEN PUEDO CONFIAR.
LLÉVENLO AL PALACIO Y ESCOJAN UNA HABITACIÓN PARA ÉL.
SU CONOCIMIENTO DE LOS TRABAJOS DE ESTA CIUDAD LO HARÁN UNA PARTE VITAL DE MI NUEVO CONSEJO PROVINCIAL.
YO SIMPLEMENTE TENGO UN MENSAJE MI REY. YO SOY FIEL A MI DIOS.
¡LO QUE TE HACE TAN VALIOSO! TU DEVOCIÓN A TU DIOS Y SUS REGLAS--

EL DOMINIO DE BABILONIA FUE MÁS FÁCIL DE LO QUE PENSÉ.
SUS GOBERNANTES PAVIMENTARON EL CAMINO PARA NOSOTROS. NABÓNIDO ESTABA MÁS INTERESADO EN CAZAR LEONES QUE RESOLVER PROBLEMAS.
SU HIJO BELSASAR ESTABA MÁS INTERESADO EN BEBER CON SUS CONCUBINAS QUE EN ADMINISTRAR ASUNTOS DE ESTADO.
PERO...
...SOMOS UN GOBIERNO EXTRANJERO. PARA GOBERNAR A LOS QUE CONQUISTAMOS DEBEMOS TAMBIÉN GOBERNAR SUS CORAZONES.
DEBO TENER LA LEALTAD DE QUIENES ESTÁN DEBAJO DE MI; QUIENES EN CAMBIO INSPIRARÁN LEALTAD EN AQUELLOS SOBRE LOS CUALES GOBIERNO.
MAÑANA, REÚNE A TODOS LOS SÁTRAPAS Y ADMINISTRADORES. REVELARÉ MI NUEVO PLAN DE ADMINISTRACIÓN.

AL DÍA SIGUIENTE.
¡LA ESPADA DE CIRO Y DARÍO GOBIERNA AHORA SOBRE EL VASTO IMPERIO DE BABILONIA!
¡COMO TAL, TODAS LAS LEYES DE LOS MEDOS Y LOS PERSAS ESTÁN VIGENTES AQUÍ!
EL REY NABUCODONOSOR INTENTÓ HACER DE MUCHOS PUEBLOS UNO. DONDE ÉL FALLÓ, YO TENDRÉ BUEN ÉXITO.
PARA PODER CUMPLIR MI TAREA, HE DECIDIDO DIVIDIR EL REINO EN 120 DISTRITOS, ADMINISTRADOS POR 120 SÁTRAPAS...
...PARA QUE YO NO SUFRA PERDIDA Y EL PUEBLO TENGA A SUS LÍDERES CERCA DE ELLOS.
SOBRE ESTOS 120 SÁTRAPAS TENDRÉ TRES ADMINISTRADORES QUE GOBERNARÁN MI REINO Y RENDIRÁN CUENTA SOLO A MI.
PRINDES, QUIEN SIRVIÓ COMO MI ADMINISTRADOR EN ELAM; TRILARIUS, MI SEGUNDO AL MANDO; Y DANIEL, EL JUDÍO.
CADA UNO SE HA DISTINGUIDO EN LA SABIA ADMINISTRACIÓN Y EL SERVICIO LEAL, Y TENDRÁN EL RESPETO DEL PUEBLO.

DE ACUERDO CON LAS LEYES DE LOS MEDOS Y LOS PERSAS QUE NO PUEDEN SER CAMBIADAS, PUES ES DECRETO, Y ASÍ SE HARÁ.

DANIEL 6:1-2

¡UNA INDIGNACIÓN, PRINDES!
HEMOS TRABAJADO DURO Y LLEGADO MUY LEJOS SOLO PARA QUE EL REY HAGA... ¿ESTO?
PARECE QUE COMPARTEN EL PODER AHORA.
¡CON UN JUDÍO!
TAL VEZ NUESTRA RIQUEZA Y PRIVILEGIO HAN LLEGADO A SU FIN.
NO, TRILARIUS. A SU DEBIDO TIEMPO, LA RIQUEZA DE BABILONIA SERÁ NUESTRA.
TE DIGO. ESTE JUDÍO ME PREOCUPA.
DEMASIADO RUMOR SOBRE ÉL, QUE ES UN GRAN MAGO, ¡Y EL REY YA LO HIZO COMO UNO DE USTEDES DOS!
¿TEMES AL JUDÍO? ¡A UN CONQUISTADO COMO ESE!
HAY CONQUISTADOS Y CONQUISTADOS. TU LO VISTE ALLÍ. ESTE NO ERA UN HOMBRE CONQUISTADO.
TÚ CUMPLE CON TUS FUNCIONES, NOSOTROS CUMPLIREMOS LAS NUESTRAS. PERO SI VES CUALQUIER CORRUPCIÓN, CUALQUIER ERROR QUE COMETA POR EL JUDÍO, CUALQUIER FALTA DE INTEGRIDAD, ¡DÍGANMELO!

BAJO LOS PERSAS SE ESTABLECE UNA NUEVA RUTINA.
ESTOS SERÁN LOS MEJORES EMPLAZAMIENTOS PARA LOS GRANEROS REALES.
HAY UNA RAZÓN DE QUE NADIE LOS PUSIERA ALLÍ EN EL PASADO. SI ME HUBIERAN ESPERADO, LES HABRÍA EXPLICADO ANTES DE QUE HICIERAN TODO EL TRABAJO.
¡AH, DANIEL! NO QUERÍAMOS MOLESTARTE... CON PEQUEÑECES.
MUY PARECIDA A LA ANTIGUA RUTINA.
LAS CARAVANAS LLEGARON A TIEMPO, Y REALMENTE AGRADEZCO EL TRIBUTO EXTRA DE VINO.
TE ADVIERTO, NO ME ENGAÑES, PORQUE MI CONSEJERO DANIEL SABRÁ...
...Y ME INFORMARÁ.
Y DANIEL SIRVIÓ COMO SIEMPRE LO HIZO...
DIME DANIEL, ¿TU PROPIO PUEBLO TE VE COMO UN TRAIDOR?
HAS SERVIDO A TRES REYES QUE HAN SIDO CONQUISTADORES DE TU PUEBLO. Y AHORA SIRVES A UN CUARTO.
MI PUEBLO SABE MI COMPROMISO CON YAHWEH, SEA EL GOBERNANTE AL QUE SIRVO, JUDÍO, BABILONIO, O PERSA.
QUIERO QUE VENGAS A UNA CENA PRIVADA, CON LO MEJOR QUE LA TIERRA DE BABILONIA PUEDE OFECER.
QUIERO ESCUCHAR MÁS DE TU GRAN MENTE.
YO... SI SEÑOR.
DANIEL 6:3

HEMOS SERVIDO FIELMENTE POR AÑOS SOLO PARA QUE UN EXTRANJERO SEA MÁS IMPORTANTE.
NO SOLO UN EXTRANJERO— ES UN JUDÍO.
UN JUDÍO ACONSEJANDO AL HOMBRE MÁS PODEROSO DE LA TIERRA.
NO, EL SEGUNDO MÁS PODEROSO DE LA TIERRA. SU YERNO CIRO ES EL MÁS PODEROSO DE LA TIERRA Y PRONTO ESTARÁ AQUÍ PARA GOBERNAR.
DARÍO HIZO LA CONQUISTA, CIRO GOBERNARÁ.
QUE ASÍ SEA.
DARÍO ES UN MILITAR, UN GENERAL FUERTE, UN GRAN LÍDER.
¿QUÉ QUIERE ÉL MÁS QUE NADA?

ABSOLUTA OBEDIENCIA A LA AUTORIDAD. LEALTAD A MUERTE.
UN SOLDADO QUE MARCHE Y MUERA POR CUMPLIR LA ORDEN DE SU COMANDANTE.

TENGO EL PRINCIPIO DE UNA IDEA.
TRILARIUS, PARA DESTRONAR AL JUDÍO, DEBEMOS MOSTRAR LEALTAD INCONDICIONAL A DARÍO Y SU GOBIERNO.

VAMOS ADONDE PODAMOS HABLAR EN PRIVADO.
TAL VEZ VEREMOS A NUESTRO AMIGO JUDÍO CAER AL SUELO COMO UNA MARIPOSA APLASTADA.
DANIEL 6:4

NO HE ESCUCHADO NI LA MITAD DE SU SABIDURÍA.
ÉL ES EXTRAORDINARIO.
¡DE HECHO! UN EXILIADO CONQUISTADO CUYA SABIDURÍA EXCEDE TODO LO QUE HE JAMÁS HE VISTO—BABILONIO O PERSA. LO CONSIDERO COMPLETAMENTE DIGNO DE CONFIANZA.
INCUESTIONABLE.
EL SISTEMA PROVISIONAL DE GOBIERNO ESTÁ FUNCIONANDO BIEN.
PRONTO ESTARÉ LISTO PARA ENTREGAR EL CARGO A CIRO. MI PLAN ES QUE DANIEL SEA GOBERNANTE SOBRE TODO EL REINO Y QUE RESPONDA SOLO A ÉL.
SABIA DECISIÓN REY.
ÉL ES MÁS CONFIABLE QUE MUCHOS DE NUESTROS PROPIOS SÁTRAPAS Y OFICIALES PERSAS.
EN NUESTRO PRÓXIMO CONSEJO INFORMARÉ A TODOS LOS GOBERNADORES DE MI DECISIÓN.
DANIEL 6:3

NINGUNO DE LOS SÁTRAPAS CON LOS QUE HE HABLADO HA ENCONTRADO LA MENOR FALTA EN DANIEL.
NI MENTIRA, NI SOBORNO, NI FRAUDES CON LAS PROVISIONES DEL REY.
ME HE ACERCADO A ÉL CON EXORBITANTES SUMAS PARA SOBORNARLO, PERO ÉL NI SIQUIERA ESCUCHA.
...SU LEALTAD AL REY NO ES MAYOR QUE SU LEALTAD A SU DIOS.
SU LEALTAD A SU DIOS LO HACE INCORRUPTIBLE.
ASÍ ES. NUNCA PODREMOS ATRAPARLO POR FALTA DE LEALTAD AL REY. PERO...
¿PERO Y SI PUDIÉRAMOS TORCER LA ADORACIÓN A SU DIOS PARA QUE SEA CORRUPCIÓN?
CUALQUIER COSA QUE PLANEES, TIENES QUE HACERLO RÁPIDO.
¿QUÉ NOTICIAS TIENES?
SÍGUEME.
NOTICIAS POR LAS QUE PAGARÁS MUY BIEN.
ESCUCHÉ ESTA NOCHE CON MIS PROPIOS OÍDOS—EL REY PLANEA HACER A DANIEL EL JEFE ADMINISTRADOR Y GOBERNANTE DE TODO—TUYO TAMBIÉN.
DANIEL 6:4

O DIOS, ¿CUÁL ES TU PLAN PARA TU PUEBLO?
TUS PROFETAS DIJERON QUE EL EXILIO DURARÍA 70 AÑOS.
DIOS DE NUESTROS PADRES, DIOS DE ABRAHAM, ISAAC, Y JACOB. TÚ, CUYAS PALABRAS Y LEYES JUSTAS SON ETERNAS.
NO VIVIRÉ PARA VER LA LIBERTAD DE MI PUEBLO. AUN ASÍ SÉ QUE TU PLAN PARA MÍ, DIOS VIVIENTE, ES QUE TE DÉ A CONOCER ENTRE ESTA GENTE ENTRE QUIENES ME HAS PUESTO.
¿POR QUÉ LAS NACIONES SE ENFURECEN? ¿POR QUÉ LOS LÍDERES CONSPIRAN EN VANO?
TÚ SOLO TIENES EL PODER DE LEVANTAR A UNO Y REBAJAR A OTRO.
¡YA! ¡LA TENGO!

ME HAS ESTABLECIDO A MI Y A LA OBRA DE MIS MANOS.
PARA QUE DE TESTIMONIO DEL SEÑOR DE LOS CIELOS Y LA TIERRA, CREADOR DE LA HUMANIDAD.
BENDITO SEA EL NOMBRE DEL SEÑOR.
¡LO VISTE AHÍ!
¡LA RESPUESTA ES TAN SENCILLA COMO LA NARIZ EN TU CARA!
¿HABLAS EN SERIO? ¡DINOS QUE PIENSAS!
DINOS PRINIDES, ¿CUÁL ES LA GRAN IDEA QUE TIENES?
¿CÓMO CORROMPEMOS A UN HOMBRE QUE SIRVE A UN DIOS QUE LE PROHÍBE MENTIR?
EL VALOR DE DANIEL PARA DARÍO VIENE DE LA DEVOCIÓN A SU DIOS...
...¡DEBEMOS PONER A DANIEL EN UNA ENCRUCIJADA SU LEALTAD A DARÍO O SU LEALTAD A SU DIOS!
¡ENTONCES Y SOLO ENTONCES DARÍO VERÁ QUIÉN ES DANIEL REALMENTE!
Y ENTONCES Y SOLO ENTONCES TENDREMOS UNA VEZ MÁS NUESTRO DÍA!
DANIEL 6:5

¡BUEN REY! ¡PRINIDES Y TRILARIUS QUIEREN UNA AUDIENCIA CON USTED!
¡POR SUPUESTO! ¡POR SUPUESTO! ¡HAZLOS ENTRAR!
¡VENGAN!
¡O REY DARÍO, VIVE POR SIEMPRE! TUS LEALES CONSEJEROS TRILARIUS Y YO TENEMOS UNA PROPUESTA PARA HONRAR AL REY, Y PARA AYUDAR A CONSOLIDAR EL DOMINIO SOBRE ESTA TIERRA Y ESTABLECER LA LEALTAD DE ESTE GRAN REINO.

GRAN REY, GOBERNANTE SIN COMPARACIÓN, LOS ADMINISTRADORES REALES, SÁTRAPAS, Y OFICIALES TODOS ESTAMOS DE ACUERDO.
TÚ, REY DARÍO NO TIENES IGUAL.

QUEREMOS PREPARAR UN DECRETO QUE SERÁ EL MÁS GRANDE HONOR PARA EL MÁS GRANDE REY.
REY DARÍO, QUEREMOS QUE TODOS LOS HABITANTES DE LA TIERRA SEAN LEALES A TI Y VEAN LA MAGNIFICENCIA Y BENEVOLENCIA DE TU GOBIERNO.
DANIEL 6:6-9

¿Y QUÉ PROPONEN MIS JEFES ADMINISTRADORES?
QUE EL REY DICTE UN DECRETO EN EL QUE CUALQUIERA QUE ORE A OTROS DIOS U HOMBRE EN LOS PRÓXIMOS TREINTA DÍAS--
--EXCEPTO A TI, O REY--
--SEA LANZADO AL FOSO DE LOS LEONES.
QUE TODOS SEPAN QUE SOLO DARÍO ES BENEFACTOR Y GOBERNANTE DE ESTA GRAN NACIÓN.

SI, ESTO ESTABLECERÁ QUE SOLO HAY UN SOBERANO SOBRE ESTA TIERRA Y SU PUEBLO.
O REY, DICTA ESTE DECRETO Y PONLO EN ESCRITO PARA QUE NO PUEDA SER REVOCADO-DE ACUERDO A LAS LEYES DE LOS MEDOS LOS PERSAS, QUE NO PUEDEN SER DEROGADAS.

¡ESPLÉNDIDO! Y DE HECHO UN HONOR PARA MI; UNA DEMOSTRACIÓN A TODO EL PUEBLO PARA QUE ME MIREN COMO, SU NUEVO REY.

QUE SE ESCRIBA, ASÍ COMO MIS CONSEJEROS LO HAN SUGERIDO.
MANDARÉ MI SELLO Y SERÁ OFICIAL ESTA NOCHE AL PONERSE EL SOL.
SABIAMENTE EXPRESADO, MI REY.

CUANDO EL DECRETO FUE PROCLAMADO...
COMO TEMÍAMOS, DANIEL SE BURLA DE LA LEY DEL REY.
POR LEY, NINGÚN HOMBRE DEBE ADORAR A NADIE, SINO AL REY, POR LOS PRÓXIMOS 30 DÍAS.
SI, SOY TESTIGO, ASÍ COMO DIJISTE.
EL GENERAL NACHIDES QUEMÓ LA CIUDAD DE TAKRON Y MATÓ A SUS HABITANTES A ESPADA--
--Y DEJÓ A LAS MUJERES PARA ÉL Y SUS OFICIALES.
ESTOY TRATANDO DE MANTENER LA PAZ CON LOS ELAMITAS Y ¿ÉL LOS PROVOCA DESTRUYENDO UNO DE SUS PUEBLOS?
SI, MI REY.
HAY SOLO UNA PENA POR DESOBEDECER MIS ORDENES O LAS DE MIS GENERALES.
ÉL, SU ESPOSA Y SU FAMILIA SERÁN ECHADOS AL FOSO DE LOS LEONES,
¡¡NO!!... ¡¡MISERICORDIA GRAN REY DARÍO!!
MI MISERICORDIA COMIENZA Y TERMINA CON LA OBEDIENCIA.
LLÉVENSELO. QUE NUNCA MÁS LO VEA CON VIDA.
DANIEL 6:10-11

¡GRAN REY! TENEMOS OTRA DESOBEDIENCIA DE LA QUE NECESITAMOS HABLAR CON USTED.
¿NO PUBLICÓ UN DECRETO QUE DURANTE ESTOS TREINTA DÍAS CUALQUIERA QUE ORASE A OTRO DIOS U HOMBRE QUE NO SEA USTED, O REY, SERÍA LANZADO AL FOSO DE LOS LEONES, QUE ES EL CASTIGO PARA CUALQUIER ENEMIGO DEL REY?

PUSE MI SELLO EN ÉL. EL DECRETO ESTÁ VIGENTE DE ACUERDO CON LAS LEYES DE LOS MEDOS Y LOS PERSAS, Y NO PUEDE SER DEROGADO.
DANIEL, UNO DE LOS EXILIADOS DE JUDÁ, NO OBEDECE AL REY, O SU DECRETO.
SE LE VE ORAR TRES VECES AL DÍA EN VIOLACIÓN DE SU ORDEN.

ES VERDAD MI SEÑOR, YO MISMO LO VI ANOCHE.
DE ACUERDO A SU PROPIA PALABRA, DANIEL DEBE SER ARROJADO AL FOSO DE LOS LEONES AL ANOCHECER, COMO CUALQUIER OTRO QUE DESOBEDECE EL EDICTO CON SELLO DEL REY.
DANIEL 6:12-15

¡NO NECESITO QUE SE ME RECUERDEN MIS PROPIAS PALABRAS!
LAS LEYES DE LOS MEDOS Y LOS PERSAS NO PUEDEN SER REPELIDAS. NI SIQUIERA POR EL REY.
¡Y NO NECESITO QUE SE ME DIGAN LAS LEYES DE LOS MEDOS Y LOS PERSAS!

¿QUÉ HE HECHO?
MI ORGULLO ME ATRAPÓ.
Y MI MÁS CONFIABLE OFICIAL...
...SU DEBILIDAD FUE SU DIOS...
DANIEL 6:18

EL FOSO DE LOS LEONES.

QUE TU DIOS, A QUIEN SIRVES CONTINUAMENTE, TE RESCATE, MI FIEL CONSEJERO.

MI DIOS ESTÁ CONMIGO.

NADIE LA PUEDE ABRIR EXCEPTO A RIESGO DE MUERTE.

CUBRAN LA ENTRADA CON LA PIEDRA.

DANIEL 6:17

QUE HE HECHO...

¡FUERA DE MI VISTA!, NI COMIDA NI MÚSICA, NI DIVERSIÓN. ¡QUIERO QUE TODOS SALGAN!

GRAN REY, USTED DEBE TENER ALGO. LA FALTA DE SUEÑO Y COMIDA NO ES CONVENIENTE PARA UN MONARCA TAN GRANDE COMO USTED.
SI FUERA UN GRAN MONARCA, NO HUBIERA SIDO ENGAÑADO POR MI ORGULLO.
NO COMERÉ ESTA NOCHE.

SEÑOR DIOS, GRACIAS POR ENVIAR A TU ÁNGEL Y CERRAR LA BOCA DE LAS BESTIAS...
DANIEL 6:21

EN LA MAÑANA.
¡VENGAN! ¡DONDE DANIEL! ¡¡AHORA MISMO!!
¡USTEDES!! ¡ME ACOMPAÑARÁN PARA VER LO QUE MI DECRETO PROVOCÓ!
SI, SEÑOR REY.
SERÁ NUESTRO PLACER... ACOMPAÑARLO.
¿ALGUNA SEÑAL DE ÉL?
DANIEL, SIERVO DEL DIOS VIVIENTE, EL DIOS TUYO, A QUIEN TÚ CONTINUAMENTE SIRVES.
¿TE HA PODIDO LIBRAR DE LOS LEONES?
DANIEL 6:20

REY DARÍO, ¡VIVE POR SIEMPRE!
MI DIOS ENVIÓ A SU ÁNGEL, Y ÉL CERRÓ LA BOCA DE LOS LEONES. ELLOS NO ME HIRIERON, PUES FUI HALLADO INOCENTE ANTE ÉL.
NI HICE NADA MALO ANTE TI, MI REY.

¡SÁQUENLO AHORA!

¡NO ESTÁS HERIDO!
¡TU DIOS AL QUE SIRVES CONTINUAMENTE TE RESCATÓ INCLUSO DE LOS LEONES!

¡¡NO PERMITAN QUE PRINIDES, TRILARIUS, O SUS OFICIALES HUYAN!!
¡¡TRAIGAN A SUS ESPOSAS E HIJOS INMEDIATAMENTE!!
DANIEL 6:21-23

VEREMOS SI SON TAN JUSTOS...
ADIVINEN QUÉ COMERÁN ESTOS LEONES HOY...
...LO QUE NO PUDIERON COMER ANOCHE.
¡¡TODA BABILONIA ESCÚCHEME!!
"DECLARO QUE EN TODA PARTE DE MI REINO EL PUEBLO DEBE TEMER Y HONRAR AL DIOS DE DANIEL."
"PORQUE ÉL ES EL DIOS VIVIENTE Y ÉL VIVE POR SIEMPRE. SU REINO NO SERÁ DESTRUIDO, Y SU DOMINIO NO TENDRÁ FIN."
"ÉL...RESCATÓ A DANIEL DEL PODER DE LOS LEONES."
DANIEL 6:24-27
EL EXILIADO JUDÍO DANIEL SIRVIÓ COMO CONSEJERO DE CUATRO REYES DE DOS GRANDES IMPERIOS DEL MUNDO. ÉL MURIÓ EN EL 529 A.C.

Experimente las historias de la Biblia de una manera nueva y emocionante con las revistas ilustradas.

La historia del éxodo de los israelitas a la Tierra Prometida.

De la caída del hombre hasta la Torre de Babel.

La historia del hombre que Dios levantó para librar a los israelitas de Egipto.

El intrépido profeta de Dios que desafió a Jezabel y a los malvados reyes de Israel.

Pueden encontrar estos y otros grandes títulos en:
www.miiglesiasaludable.com

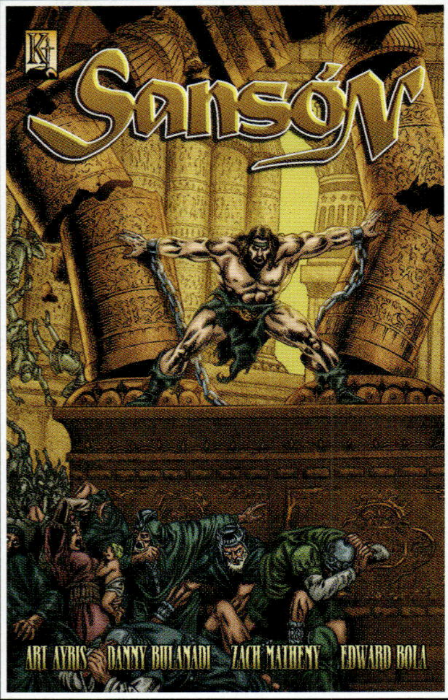

Fue uno de los líderes más fuertes de Israel, pero moralmente, uno de los más débiles.

La historia de Ester, la hermosa mujer que salvó al pueblo judío del exterminio.

La historia del humilde nacimiento del Rey de gloria y la visita de los sabios de oriente.

La emocionante revelación del futuro del mundo y de la iglesia.